姿勢も話し方もよくなる声のつくりかた

自然とみんなを惹きつける43のレッスン

メディアトレーナー／ボーカルディレクター
中西健太郎

ダイヤモンド社

はじめに

どんな人か一瞬で判断させる「声」の力

みなさんは、初めて会った人に対して、
第一印象で「あ、なんとなく◯◯そうな人だな」
と、思うことがありませんか？
「なんとなく◯◯そう」という〝漠然とした感じ〟がポイントです。
いい、いい、

優しそう
仕事ができそう
内気そう
豪快そう
誠実そう
胡散臭《うさんくさ》そう……等

はっきりと意識はしていなくても、おそらくパッと見て挨拶を交わしたあたりで、「こんな人なのかな」と、なんらかの印象をもつのではないでしょうか。

そして、そのあと話したり、何度か会っていくうちに、その印象が変わったり、もとの印象どおりだったりはいろいろでしょう。でも、**最初に受けた印象のインパクト**というのは後々までかなり強く残りやすいものです。

それでは、その第一印象は何で決まるのでしょうか。

顔立ち？　表情？　服装？

いろいろと目に映るものはありますが、僕は**「声と姿勢」**だと思います。

えっ、「第一印象」なのに、声なの？　姿勢はともかく声って見えないじゃないか、と驚いた人もいるかもしれません。

実は見た目はもちろんながら、**声の調子でも、そうと気づかず無意識のうちに、人は相手を判断している**のです。

ただし、現代の日本人の多くは、「声と姿勢」をさほど重視していないようです。「話す」ことに焦点をあてると、ほとんどの方が内容にばかり気を取られてしまい、プレゼンテーションに至ってはパワーポイントの資料を作ることで疲れ果ててしまっている方も多いようです。

実にもったいない！　と僕は感じています。

人が、自分の話を聞いてくれる――。

一見何気ない行動に見えますが、思っている以上に、**とてつもなく「ハードルの高い」行為**なのです。一連の行為を、ちょっと分解してみましょう。

あなたが目の前に現れる

⬆

「なんだろう？」と相手があなたのことを見る（姿勢を含めた見た目をチェック）

⬆

あなたが挨拶する

⬅「どんな人だろう？」と、あなたに興味を示す（声をチェック）

⬅あなたが話をする

⬅相手はあなたのことを、感じがいい、信頼できる、自分に役立つ話をしてくれそうだ、などと判断し、「どれどれ、話を聞いてみようかな」と話に耳を傾ける

⬅あなたが話をしている

⬅ようやく、あなたの話の内容が相手の頭に入ってくる

たとえば名刺を交換した目の前の相手であっても、あなたの話を聞いてくれるまでに、こんなに多くのプロセスを経ることになります。実際に話を聞いてくれるまでの時間は、ほんの数秒かもしれませんが、**あなたの話に興味をもつ前に、相手**

は多くの判断をしているのです。もしかしたら、冒頭で話したことは記憶に残っていないかもしれません。

お気づきだと思いますが、あなたが話す内容に、よほど関心が高いか、そもそも意識が高い人しか、すぐに注意を向けてくれないのです。

多くは、パッと見た印象で好き・嫌いや自分に役立つ・役立たないを瞬時に判断し、この段階で、あなたの話を聞くか聞かないかを判断してしまいます。

逆をいえば、**あなたがすごく魅力的な声だったり、信頼できそうな姿勢であれば、パッと見た瞬間、より多くの人に信頼されたり関心を払ってもらいやすい**ということになります。

パッと見ただけで、あなたの話を聞いてもらえる。

それどころか、「この人、感じがよさそう」とか「信頼できそうだな」などと、あなたのことをプラスに評価してもらえる。一瞬で自分のことを好きになってもらえるのは、恋愛だけでなく、仕事や人間関係すべてにおいて、うれしいことですよね。

仕事上のミーティングや交渉だけでなく、プライベートで新しいレストランを訪ねたときなど、あらゆる場面で得をするはずです。

あなたのよさを、一瞬で伝える方法があります。

けれど、こんなに素敵で素晴らしいことを、まだ多くの人が知らずにいる。

だから、僕は非常に「もったいない」と思うのです。

この本では、第一印象で好きだとか信頼できると思ってもらえるようなコツを伝授していきます。誰でも、すぐにできることばかりです。

あらためて自己紹介をさせていただきます。

僕は普段ボーカルディレクターとして、第一線で活躍するアーティストの声や歌、表現力などを含めた演出やその指導をしています。またメディアトレーナーとして、テレビ局のアナウンサーや、文化人の方に、声や表現方法などの演出や指導をしています。時にはレコーディングやライブ、テレビ番組にも帯同し、出演者の声のウォーミングアップや、モニター環境のセッティング、歌い方や表現方法などを現場でディレクションします。こういう仕事柄、歌い手や話し手、役者といったプロの声の悩みには常に接しています。

しかし、最近あることに気づきました。

声を使った仕事、いわゆる声のプロの方たちだけでなく、一般の方たちにも、自分の声が「小さい」「震える」「か細い」といった悩みを抱えている方が多く、そういった方たちにも「プロに教えているメソッド（やり方）」が効果的なんだ、と。そうであれば、これら「プロの技」をお伝えすることで、多くの人のお役に立てるのではないか、と思ったのです。

もちろん、ビジネス書などでプレゼン関連の本はたくさん出ています。なかには、説明が専門的すぎたり込み入っていて、一般の方が身につけるのは難しいのではないかと感じるものも正直あります。

僕が普段プロに伝授している手法のごく基本的な点だけをお伝えすれば、もっとシンプルに、しかも劇的に声と姿勢で好印象を残すことができます。

数年前から一般のビジネスパーソンの方などにもアドバイスを行うようになり、こうした思いは確信に変わっていきました。

声の出し方や姿勢の取り方というのは、舞台芸術の基本中の基本です。プロが「最初に叩き込まれる基本」を、この本では**普段の生活に役立つ**よう、そして**誰でもすぐに実践できる**よう、**大事なポイントだけギュッと凝縮**してお伝えしましょう。

舞台芸術やプロのメソッドと聞いて、自分にできるのかなと不安になる方もいらっしゃるかもしれません。

でも、ご安心ください。みなさんが目指すのはプロの俳優や歌手ではありませんから（もちろん、プロの卵の方も読んでくださったら、それもうれしいです）、最上級のレベルを目指すわけではありません。プロの「最初の一歩」というのは、すべての基本であり、かつシンプルです。

また、「声の出し方」といったテクニカルな手法にとどまらず、「信頼される人になる」ための自分や相手の感情のもっていき方など、みなさんが案外知らない効果絶大な「基本」もお伝えしていければと思っています。

誰もが舞台俳優のように、目の前の観衆何千人、何万人の心を動かさなければならないわけではありません。初めての営業先の担当者ひとりのハートを射抜くだけで十分（これはこれですごいことですが）という人もいるでしょう。みなさんが目指すレベル感に合わせて、必要なコツだけ取り入れてみてください。

ここで少し、僕の経歴についても触れさせていただきます。

学生時代は、東京藝術大学の音楽学部声楽科でオペラ歌手を目指していました。オペラ歌手になりたい。そう思ったものの、致命的な問題がありました。今も見た目は筋トレで鍛えて割とがっしりと見えますが、実は女性物の時計がはめられるぐらい骨格が細いのです。いわゆる「線が細い」僕にとって、厚い胸でパワフルに響かせる西洋音楽の発声は重すぎました。頑張って練習を重ねるうちに体調を壊してしまい、オペラ歌手の道は諦めざるをえなかったのです。

やはり、欧米人のもつパワフルな歌声には憧れがあります。声に限らず、野球でもボクシングでもゴルフでも、彼らのパワーあふれるプレイは、日本人にとって憧れの対象かもしれません。

挫折を体験し、ふとこんな疑問を抱きました。

本当に「パワー」だけが魅力なのだろうか。

フルートとトランペットだったら、トランペットが偉いのか？

ボサノバよりヘビメタのほうが偉いのか？

……そうじゃないはずだ。本当に僕が目指したいのは何だ？


ひとつの答えが見えてきました。

自分が目指すのは、パワーで圧倒することではなくて、最終的に「音楽で人を感動させること」だったのです。

そこで「自分×音楽」でいったい何ができるのかを考えました。

声は、楽器と同じです。音源である声帯を呼吸で振動させ、ボディー（胸腔や鼻腔などの体の空洞）に響かせることで広がります。自分に与えられた「声」という楽器で、どれだけ心地よく相手の感情を動かせるような音を出せるのか？　日本人に合う、しなやかで伸びがあって、**効率的な発声**とはどういうものかを追求してきました。

すると、いつの間にか、アーティストのボイストレーナー、ひいては表現全体や時にはビジネス面にも関わるボーカルディレクターが生業《なりわい》になっていたのです。近年はそこから派生して、声と話し方について、テレビのアナウンサーやビジネスパーソン向けに指導する機会も増えています。

アーティストの中にも声の専門家は少ないですから、どんなふうに伝えたらわかりやすいかという点も、この間にすごく心を砕いてきた点なので、本書でもそれが役立てられるのではないかと思います。

声は、東洋医学では生命力の判断ポイントにもなります。

声とは、無意識にその人の**エネルギー量を測る目安**なのです。

先ほど「声は楽器だ」といいました。そう、ボディーによく響かせて「通る声」を出すためには、姿勢を保たなければなりません。

いい楽器はいい音を出します。

姿勢よく、通る声を出していると、その人の発するエネルギーが高まります。実際、インナーマッスルもたくさん使うので、血液や酸素の循環もよくなって、見た目にも健康的に見えるはずです。

いい声を出す人は健康的な人。

東洋医学の教えはもちろんですが、人が無意識のうちに判断する「第一印象」も、こうして考えると、単なる感覚的な話ではないように思いませんか？

あなたという楽器を磨くこと、あなたから発する声を磨くこと。

そして、よりエネルギッシュで健康的なあなたに変化していくこと。

この好循環が実現すれば、あなたの魅力はますますアップすることでしょう。

現代では、コミュニケーションの多くがテキストで代替され始め、声を出す機会がどんどん失われつつあります。LINEやFacebook、メールなどはみなさん使われていることでしょう。便利ではありますが、声帯は筋肉ですから使わなければどんどん衰えていきます。

だからこそ、一定の訓練は必要です。交通が便利になって運動の機会が減ったら、みんな健康に気遣ってジムに行きますよね。それと同じで、声も使う機会が減ったら鍛えなければどんどん衰えます。声が衰えれば、体も見た目も衰えていってしまいます。

ですから、みなさんには**声の「エイジング」**をしていただきたいと思っています。その具体的なトレーニング法もご紹介します。

この本では、ほとんどの人が見過ごしている**「声」のもつすごい力**と、**相手を気持ちよくさせる声の出し方**をお伝えします。そして、実際に一対一にしろ一対大勢にしろ人前で話すときに、相手の関心をひき、話をしっかり聞いてもらうためのポイントを述べていきます。

素晴らしいあなたの魅力を引き出すレッスン、さあ、早速始めましょう！

本文中の「動画マーク」は著者のレッスン動画があることを示しています。ご覧になって参考にしてみてください。

https://www.youtube.com/playlist?list=PLiQU6Js5led8THj3FhVnY9tpBg11URPcT

姿勢も話し方もよくなる声のつくりかた　目次

第2章 気持ちいい声を出すための「姿勢」のレッスン

第3章

気持ちいい声を出すための「呼吸」のレッスン

第4章 印象が上がる話し方とは？

第5章 魅力的な声になる4つのトレーニング

第 1 章

みんなを惹きつける「声」の魔力

「おはよう」の一言で体調が丸わかり⁉

動画あり

第一印象で「あ、なんとなく○○そうな人だな」と思うとき、みなさんは相手のどんな点を見ているのでしょうか。

はっきりと意識はしていなくても、おそらくパッと見て挨拶を交わしたあたりで、「こんな人なのかな」と感じませんか。そのあと何度か会って話すうちに、その印象が変わったり、もとの印象どおりだったりはいろいろでしょう。でも、**最初に受けた印象のインパクト**というのは後々までかなり強く残りやすいものです。

それでは、その第一印象は何で決まるのでしょうか。

顔立ち？　表情？　服装？

いろいろと目に映るものはありますが、僕は**「声と姿勢」が印象を左右する最**

大の要因だと思います。それは、「はじめに」でもお話ししたとおりです。

えっ、「第一印象」なのに、声なの？　姿勢はともかく声って見えないじゃないか、と驚いた人もいるかもしれません。

実は見た目はもちろんながら、**声の調子でも、相手もそうと気づかず無意識のうちに判断しているの**です。

❶声の調子を聞き、

❷パッと見た印象で、

「この人、なんとなく優しそうだ」

などと、相手は無意識のうちに予想しています。

それは声や姿勢から発せられる温かさやエネルギーから、たぶんこういう人だろうなあと想像して、信頼できそうか、もっと話を聞いてみたいと思うのか判断するわけです。人によっては、声や姿勢からいわゆる波動やオーラといわれるようなものを感じる人もいるかもしれません。
みなさんも同じような経験をおもちではないでしょうか。

まず声については、何を話すかという内容ももちろん大切ですが、案外みんなが判断しているのはその**音の大きさや調子、話し方や表情、姿勢**だったりします。

いつもどおり「おはようございます」と挨拶したつもりなのに、「どうしたの？　具合悪いの？　元気ないね」なんて言われたこと、ありませんか？

睡眠不足で目覚めも悪かった、二日酔いだった、嫌なことがあって頭から離れないなど……さまざまな心情や、ちょっとした体調の崩れが、知らず知らずのうちに「おはようございます」に出てしまっていたのかもしれません。

そして、あなたの「おはようございます」から、相手は無意識のうちに「あれ？　元気ないな」と一瞬でパッと感じるわけです。

この「無意識に相手が感じること」を今度は**「意識的に」やってみる**のです。

前日に「具合悪いの？」と心配されたとします。であれば、今日は意識して、いつもより元気よく「おはようございます！」と言ってみてください。

「よかった、風邪治ったみたいだね」「今日は調子がよさそうですね」

そんなふうに、相手は反応すると思います。

挨拶ひとつでも、ちょっと**意識を向けて声を出すだけで、相手が抱く印象はガラリと変わる**ということです。いわれてみれば当たり前のこと、と思うかもしれません。でも、本当に普段からできている人はほとんどいないのです。


では、相手に自分の話を聞いてもらいたいときは、どうすればいいのでしょうか。

答えはシンプルです。

相手が話を聞きたくなるような、気持ちのいい声を出すこと。感じのいい声と話し方をする人の話には、誰もが自然と聞き入ってしまうはずです。


もちろん、仮に第一印象が悪くても、その後にじっくり付き合うことで悪印象を覆すことは可能です。ただし、人の直感を覆すというのは意外と難しいものです。だったら、最初からよい印象をもってもらうに越したことはないですよね。

意識さえできていれば、それは可能なのです。

まず、なぜ声と姿勢には、それほどの威力、いえ「魔力」といえるほどの力があるのでしょうか。

理由は2つある、と僕は思います。

第一に、**声と姿勢はその人のもつエネルギー量を表す**からです。

人間を含めて、どんな生物も、生きていくためにエネルギーを必要としています。結果、エネルギーの高いものに引き寄せられていく性質があるのです。おいしい食べ物、鉱物、お金、明るいところ（光）。人間も、エネルギーが旺盛な人のまわりには、人がたくさん集まります。そのエネルギーの高低を端的に感知できるのが、声と姿勢なのです。

第二に、特に**声は、その人のセルフイメージにも非常に大きく影響**します。詳しくは次項で述べますが、いじいじした声で話していると24時間それを聞いている自分はますますいじけた気持ちになっていきます。内面が後ろ向きになると、それが第三者に伝わらないはずがありません。

声はセルフイメージまで左右する

では、声が自分自身にまで大きく影響を与えるのはなぜだと思いますか？

それは、五感（見る・聞く・かぐ・触れる・味わう）のうち、自分について自分自身で長い時間にわたって感じられるのが聴覚ぐらいしかないからです。


いったい、どういうことでしょうか。想像してみてください。

自分のことを「見る」という動作は、普段は案外やっていないものです。鏡を見たり、自撮りしたり、撮った写真をチェックしたりと、意識的に「自分のことを見よう」としないと、できないですよね。思春期の女の子でも鏡を見るのは1日のうち長くて2～3時間程度でしょう。

では「かぐ」嗅覚はどうでしょうか。スポーツのあとに自分の匂いが気になった

人間の五感

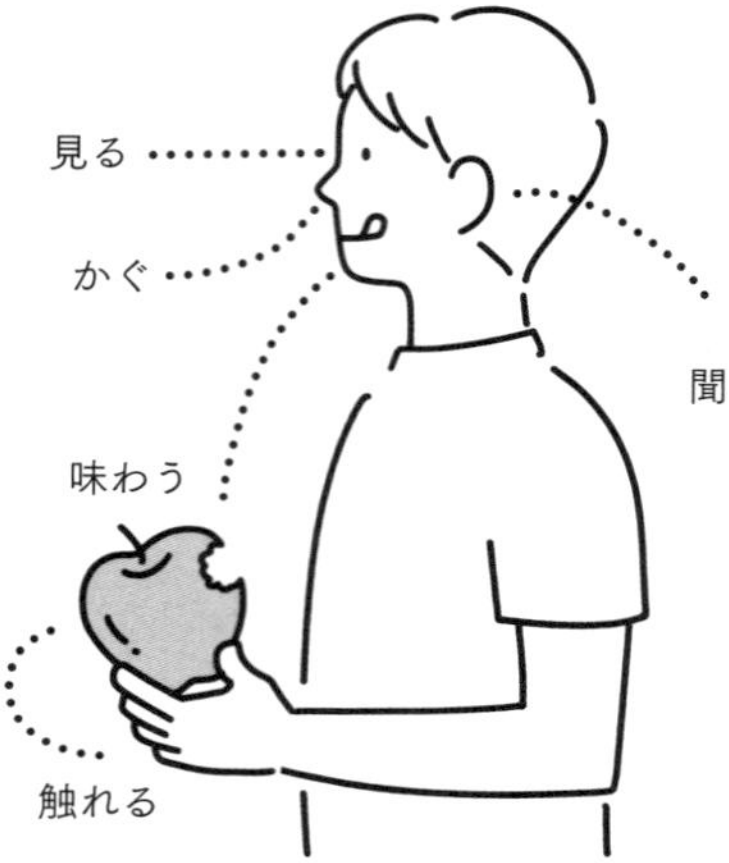

り、自分の匂いをかぐと落ち着くなどということが、ある程度はあるでしょう。しかし、自分の匂いを四六時中クンクンとかいでいるわけにもいきません。自分の匂いを常に感じ続けるということはあまりないでしょう。

味わう「味覚」に至っては、もっと機会は少ないと思います。腕をなめたら多少しょっぱいですが、日頃自分をなめるという機会もほとんどないと思います。

触れる「触覚」も自分で自分を触るということはありますが、常に触っていられるわけでもありません。

では、「聞く」聴覚はどうでしょうか。

自分の声ですから、意識しないまでもずーっと自分の耳を通して聞いています。実は多くの人にとって**一生で一番長く聞いている「音」が自分の声**なのです。

聞こうと思わなくても「常に自分の耳に入ってくる」音が自分の声であるという重大さを認識していただきたいと思います。

たとえば、隣にいる人が24時間ずーっと、

「ああ、だるい。疲れた。今日も会社か。休みたいな。お腹空いたけどお金ないな」

……と言い続けていたらどうでしょうか？

こちらまで気が滅入ってきますね。

自信がなさそうな声で話したり、ネガティブなことばかり言っている人は、自分のすぐそばにネガティブな人がいて、ずーっとネガティブな言葉を耳元でかけられているのと同じ。これでは自分に自信がもてなくなって、気持ちが落ち込み、セルフイメージもどんどん下がるのは当然でしょう。

でも、常に生き生きと声を張って、**気持ちのいい声でポジティブな言葉を使っ**

て話している人は、そういう前向きな人がずっと一緒にいてくれるのと同じ効果があるのです。

つまり、**どんな声（トーンやニュアンスも含めて）を出して、どういう言葉を使っているかで、その人がもつセルフイメージは作られてしまう**のです。

おわかりのように、声と姿勢がエネルギー量を表すことと、セルフイメージを形作ることは〝鶏と卵〟のような関係です。第一印象で声と姿勢に勢いがあるような人は、常に明るくて晴れやかな気持ちを維持できるし、明るくて晴れやかな気持ちを維持できている人は、声と姿勢に勢いがある、といえます。

つまり、少しでも自分の「声」に自信がない人が発声のトレーニングをすれば、気持ちが前向きになるなど、内面から変われます。いいことづくめだと思いませんか。

「いい声」の基準とは何か

ここまでで、声と姿勢がどれだけ相手と自分に大きく影響するかは、おわかりいただけたでしょうか。

では、魅力的な「いい声」って何が基準になるのか、と思われるかもしれません。

みなさんは、どんな声が「いい声」だと思いますか？

女性であれば鈴が鳴るような声、あるいは男性なら渋くて低い声でしょうか。

好みはさまざまですから、一律の基準は難しいですね。人によって好みが変わるということは、いわゆる**美声だけがいい声というわけではない**のです。

しいていえば、「いい声」というのは、話し手の気持ちよさが聞き手に伝わってく

人間の声が出る仕組み

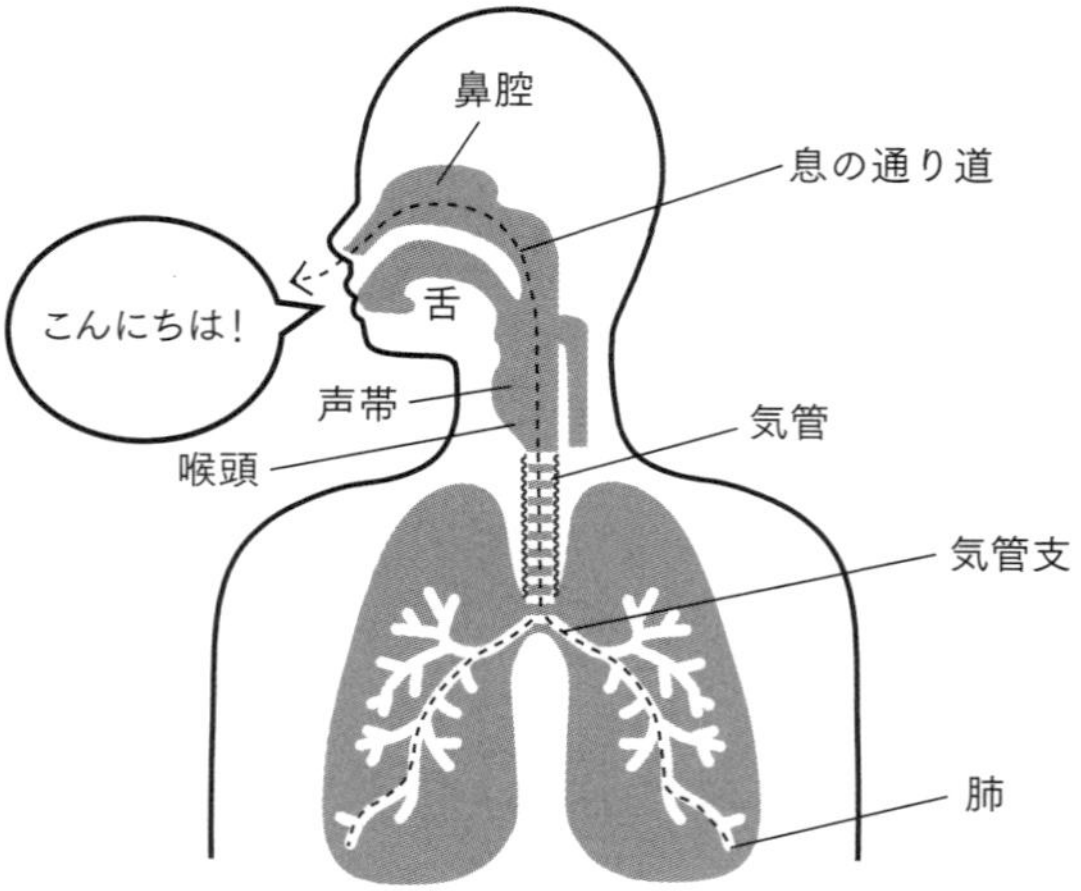

るような、気持ちよく響いた音といえるでしょう。人がまた聞きたいと思ってくれるような、**その人にしか出せない音色**だと思います。

そもそも声は、どんな仕組みで音が出るのでしょうか。

詳しくは後述しますが、原理は楽器と同じです。音の出発点である音源、人間の場合は声帯を呼吸で振動させ、ボディー（胸腔や鼻腔などの体の空洞）を響かせることで広がります。

「はじめに」でも述べたとおり、僕はもともと音楽大学の声楽科でオペラ歌手を目指していたので思うのですが、西洋人のように骨格が大きく、厚い胸でパワフルに響かせていく発声は、日本人の体形にはなかなかつらいものがあります。

西洋人は胸が厚くぐっと前に出て、頭が奥に入っている姿勢の方が多いので、胸を中心に声が響く構造になっており、少しずっしりとした太めの声の人が多いです。僕自身も、それなりに上背があり筋力をつけているものの、もともとの骨格が細く、一生懸命西洋人と同じ声になろうと訓練していたら体調を壊してしまいました。よくスポーツの現場でも同じようなことが起こると聞きます。

だから日本人の体に合う、しなやかで伸びやかな発声が必要なのだと思います。こうした発声を心がけると、**誰もがラクによく通る声が出せる**ように必ずなります。

自分の声を変える必要などない

僕は普段、ボーカルディレクターとしてアーティストやその卵たちにボイストレーニングをすることがありますが、**基本的に「声を変える」ような指導はしません。**
なぜなら、それぞれに素敵な個性があるからです。

たとえば、ある売れっ子俳優で歌手でもある男性アーティストの場合、叫ぶように切なく必死に、時には絞り出すような声や歌い方が持ち味です。それなのに、もし僕がレッスンでただのツルッとしたきれいな声や歌い方に直したら、ファンの方たちはどう思うでしょう。その方の魅力や個性が減じてしまい、非常にがっかりしてしまうと思います。

ですから、そうした素敵な持ち味はそのままに保ちながら、さらに魅力的になるように、そして不必要な負担をかけずに、うまく響かせられるよう、長期のツアーでも喉を痛めない声や歌い方を指導していきます。

また、ボイストレーニングは、失敗すると先生のカラーが出すぎることがあります。先生と生徒が、またその生徒同士が、同じような声や歌い方になるのです。これがいいことだと僕は思いません。なぜなら、先にお伝えしたとおり、相手から「また聞きたい」と思ってもらえるような自分にしか出せない音色こそが「いい声」だから。プロの声をそのままモノマネしても、その人の魅力を伝える「いい声」とはいえないのです。

その人らしい「いい声」を出せるようになるために、僕が一番気を付けて指導していることは何か。生徒さんについてまず見るのは、**その人の発するエネルギーのひずみや偏り**です。ひずみや偏りは決して悪いものではなく、その人の個性のバランスです。つまり、その人のよい部分をそのまま発揮できているかどうかをチェックするのです。必要最低限のエネルギーが感じられないなというときは、声と姿勢を整えエネルギーが発せられるよう基本的なアドバイスを行います。

ただし、声を変えさせようとはしません。

人それぞれに、声には温度や湿度、色や広がりなどがあります。イタリアのオペラだとドライな声が好まれる一方で、ドイツやロシアなどはもう少しウェットな声のほうが好まれるなどというように、主観的な印象にはなりますが声の質感があるのです。

僕はそれがその人のもつ声の個性だと思っているので、個性を生かす方向をまず考えます。むしろ上手でなくても個性が伸びていったほうが「下手うま」としてファンから支持されることがありますが、「きれいだけどつまらない歌」ではエンターテインメントではまったく人々に支持されません。みなさんも、声はきれいで、音程はきっちりと合っているけれど、人間味や温かみを感じない機械のような歌なんて聞きたくありませんよね。

陰か陽か。その人に合った声の出し方がある

声を変えさせるようなことをしないということと同時に、その人の仕事や性格、目指している方向性などを考えて、適切な生き生きと輝くバランスがあると思っています。決して無理な方向に導こうとはしません。

僕がレッスンに来た方を〝診察〟するうえで日常的に参考にしているのは、古代中国で起こった自然哲学の陰陽思想です。これは、あらゆる事象を陰と陽の２つに分けて考えるという二元論です。

まず、その人がおおまかに「陰」の傾向が強いのか「陽」の傾向が強いのか、をみます。

簡単にいってしまえば、陰とは、動きが少ないこと。言い換えれば受動的。陽と

は動きが多いこと。能動的といえます。たとえば、その人の特性として、動きが多く活発な特徴があるのか、動きが少なく受け取るような感性が強い方向にあるのかという特徴を陰陽でみていくのです。

ここで大事なのは、**どちらが良いとか悪いではない**、ということ。どちらの雰囲気のほうが、その人にとってしっくりくるか。その人らしさが出せるのか。

その人の「魅力」と「個性」をみるのです。

しかもこれは性格だけでなく、その人の取り組む仕事や目指す人生のあり方にも関係があります。作曲家や研究者などひとりでグーッと集中して取り組むような「陰」的な仕事の人に、外交的で元気で明るい営業パーソンのような「陽」を感じさせる姿勢や声を目指すような指導はしません。

たとえば、哲学者だという人が、やたら高いテンションでものすごく軽くて明るい感じで話していたら、不自然じゃないでしょうか（もちろん、そういうキャラクターの哲学者であれば違和感はないと思いますが）。

その人の魅力と個性を「陰・陽」でみる

この個別診断を自分でくだすのはなかなか難しいところがありますので、親しい友人やご家族などに意見を聞いてみてもよいでしょう。ちぐはぐな印象になっていないか、自己診断であっても、自分がどこか無理をしていないか、という点に気を付けていれば、そんなにおかしな方向にはいかないはずです。

普段から声が大きく明るい人だけが、いい声を出せるわけではありません。

だとしたら、世の中の名優は大声の人だらけになってしまいます。

おとなしい人でも物静かな人でも、魅力的な声を出す人はたくさんいます。

だから、無理して明るく振る舞ったり、逆に落ち着いた雰囲気をかもしだそうと背伸びしたりする必要はないのです。


みなさんも同様で、どんな人の声にもそれぞれ魅力があります。それを、より効率的により響かせることで、さらに磨きをかけることができます。

そのためには、姿勢や呼吸が大切ですので、この点は第2～3章で詳しく解説します。

小さな声だって響かせれば遠くに届く

先ほど、声は楽器と同じ原理で音が出る、とお伝えしました。

ここであらためて、声がどうやって出るのか説明します。やや難しいと感じる人もいるかもしれませんが、声の出し方の基本となる「仕組み」の話なので、少しだけお付き合いください。

まず、いろいろな弦楽器を想像してみましょう。

バイオリンはバイオリンの音がするし、チェロはチェロの音、コントラバスはコントラバスの音、ギターはギターの音がします。

どれも、音源となる弦がボディーに張ってある構造です。弦だけをはじいてみても、ビーンという音に、どれもさほどの差はありませんが、どの楽器もまったく違う音が鳴ります。

なぜでしょうか。

それは、ボディーが違うからです。大きさや、厚み、木の素材など楽器によってさまざまなボディーの違いがあります。時にはボディーが金属だったり、ガラスだったりすることもあります。このボディーの違いが音の個性を生んでいるのです。

人間の声も同じです。音源である声帯の振動を、体の空洞に響かせることで鳴っています。そして、みんな違うボディーをもっています。骨格の大きさ、厚さ、筋肉質だったり、そうでなかったり、だから響き方も異なってきます。


ここで注意しなければいけないのは、**音源自体は小さな音しか鳴らない**、ということです。

人間の声帯も同じです。声帯は、左右1本ずつゴムひものように伸び縮みする振動体だと思ってもらえばわかりやすいでしょう（左図）。その間を空気が通り抜けることによってこすれ合い、音を発します。

音源の振動は、**ボディーに響かせることで大きい音や音色の変化が出せます。**

音源となる声帯の仕組み

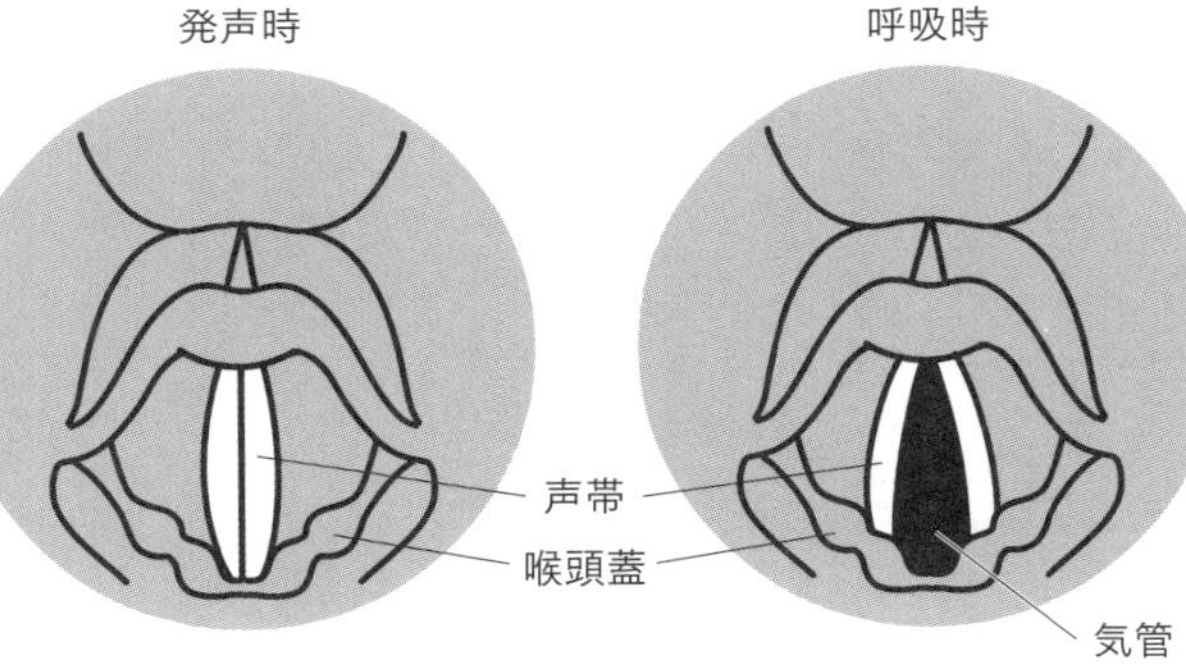

声帯は呼吸のときは開いていて、発声のときは閉じており、
吐く息によって振動して音が出る

でも、大きな音を出そうとして無理に喉を鳴らそうとすると、声帯は緊張して硬くなり、振動を抑制して声が出づらくなります。とても小さな粘膜である声帯は、無理をするとすぐに声帯結節などの病気になったりもします。

楽器の中でも声に一番近いのは、管楽器です。

サックスを吹いたことがある方はおわかりと思いますが、音源であるリードという振動板（人間だと声帯）に圧を加えずに吹くとス――――ッというスカしっぺのような（スカしっぺもそういう原理です……）むなしい音が響き渡ります。

ただ息を吹き込むだけでは、音は出ないのです。程よい圧を加えることでリードがこすれ合い、それがボディーやベル部分（人間でいうと胸や顔、頭の空洞）で共鳴し豊かな音を奏でます。人間の声もこれと同じ状態が起こっていると思ってよいでしょう。

声帯は日常会話でも、男性で毎秒100回程度、女性で250回程度は振動しているといわれます。そして、歌を歌って高音を出しているときは、なんと毎秒1000回以上も振動しているそうです。

つまり、声が小さい／通らないと悩んでいる人は、音源である声帯を力づくで鳴らして大きな声にしようとしてはならないのです。声帯が痛んでしまいますし、無理やり力づくで怒鳴るように出された声なんて聞きたくないですよね。

リラックスして息を吐くことによって音源である声帯が自然に鳴り、**体の中の空洞に響かせることを意識**すれば、気持ちよく響いた「また聞きたい！」と思うような通る声になるのです。

胸腔や鼻腔、副鼻腔、口腔、頭蓋腔などを訓練によって響かせられるようになれば、どんな人でもラクにそんな声が出せるようになります。

原理はわかったけれど、実際どうやって声を響かせればいいんだろう？ と思われるかもしれません。ちょっと難しく感じられるでしょうか。でも、どなたでも簡単にアプローチできますから、ご安心ください。後で、やり方や練習法をしっかりご説明します。

ひとまず押さえておいていただきたいのは、きちんと響かせることができれば、**小さい声もしっかり相手に届く**ということ。無理やり声を張る必要などないのです。

姿勢ひとつで声は360度飛んでいく

声の出発点は、喉にある「声帯」にあります。

この喉から出る音は、空気があれば360度どこへでも飛んでいきます。前だけでなく、上にも下にも広がっていきます。自分の声であれば骨伝導でも伝わりますが、基本的には空気を伝道して耳に届きます。

ここでよく響かせるために大事なのは、音源とボディーの位置関係です。

喉から胸の空洞と、頭部の空洞まで、しっかりつないであげれば、声は自然と響いて音として伝わってくれます。まっすぐな廊下の先にいる人に声をかけようとすると、よく響くのでそんなに難しくないですよね。でも、曲がっている廊下の先に、声を届けようと思うと難しいはずです。そんなふうに、**声が伝わる空洞をまっすぐつなげてあげる**イメージをもってください。

音源とボディーが正しい位置にくる姿勢に

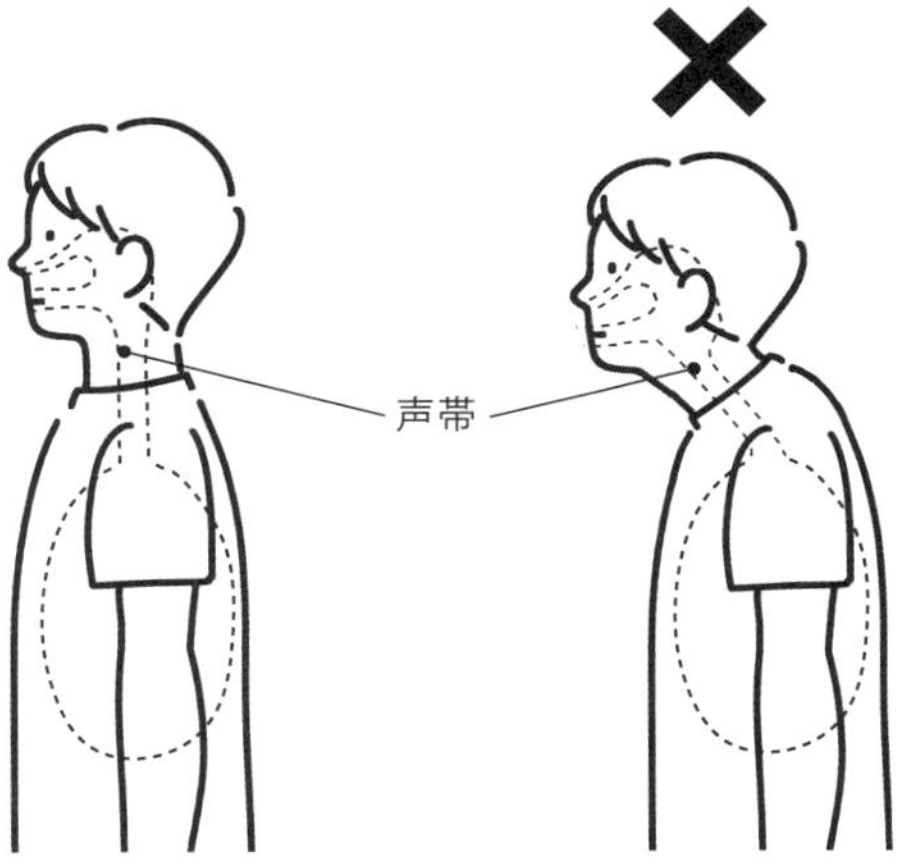

頭の空洞、鼻腔、口腔、胸腔がまっすぐつながると、
声帯から出る音が響きやすい

そう思って楽器を観察してみると、よく響くように音源とボディーの位置関係が作られています。身近に楽器があったら、ギターやピアノなどの音源とボディーの位置関係を見てみてください。弦やボディーやサウンドホール（ボディー内の共鳴を外に向かって放出する穴）の位置がきれいに並んでいますよね。

声も同じで、人間という楽器の**音源とボディーの位置関係が一番大事**なのです。

空気を伝えるので、ボディーを

曲げれば響きにくくなりますし、まっすぐパイプのように通っていれば音がポーンと抜けます。ラクに声が響き渡ります。

基本の姿勢は、胸を張りすぎず自然に開いて、背骨にしっかり頭を乗せます（前ページの図）。すると、音源（声帯）の下に空洞ができて、一番大きな空洞である胸腔が響きやすくなります。これだけでも、声の響きが全然違いますので試してください。さらに、口腔を響かせると、もっと声の響きは変わってきます。

歌の世界では、顔や頭の空洞を主に響かせているのをヘッドボイス（頭声）と呼びます。高音域を出したり、音や言葉がクリアになって聞き取りやすくなるという特徴があります。一方、肺がある胸の空洞、胸腔を主に響かせているのをチェストボイス（胸声）と呼びます。声の厚みや深みを作ってくれたり、低音域を出すという特徴があります。

自分の声に個性がない、という悩みも時折聞きますが、このボディーによって音色が変わるという構造上、そんなことはありえないので安心してください。一人ひとり、顔も骨格も体つきも違うのですから、楽器となるボディーが違います。だから全員が違った、個性的な声が出るはずなのです。親子や兄弟で声が似ているというのは、骨格や体格が似ているためです。これは、血のつながりを感じるうれしい一致でもありますよね。

また、欧米人のようなパワフルな声に憧れる人も多いでしょう。でも、フルートとトランペットだったら、トランペットが偉いのか？　といったら、そんなことはないはずです。どちらも、うっとりするような素敵な音色です。だから、与えられた自分の体という楽器で、どれだけ心地よい、相手の感情を動かす声を出せるかが勝負だ、と思ってください。

出てしまった音（声）を後からどうにかしてコントロールしようとするのは、無理です。僕たちにはどうしようもありません。だって、体から離れた音をどう伝えるかは、地球の仕事なのですから。

僕らが管轄できるのは、体の中だけです。だから体の外でなく、自分の体という楽器の中でどんなふうに響いているかな？　と感じてみましょう。

話す声がよくなれば、自然と歌もうまくなる

先ほど、声が出る仕組みを紹介しましたが、基本的に話すときも歌うときも原理は同じです。

「口を大きく開けて、はっきり発音して歌いましょう」と教わることがありますが、注意が必要です。というのも、あまり大きく口を開けすぎたり、バタバタと口を動かすと、逆に言葉が不自然になり、聞き取りづらくなったり、喉を痛めてしまうこともあるからです。

まずは、**ゆったり、はっきり発音する**と思ってください。はっきりと、相手にとって聞きやすく発音しようと思うことです。さらに「ゆったり」を意識すると、余分に力むことなく、必要なだけ口が動いてくれるものです。

そして、ゆったりとリラックスして息を吸い込むと、喉が開いてくれます。**口を**

音程が安定し、高音が出やすくなる練習

口の両端を
人さし指と
親指で押さえて、
声を出してみよう

大きく開けるのではなく、喉を開くのが基本です。喉は息を吸うときに開きますから、ゆったりリラックスして息を吸い込むと喉が開きます。喉が開くと、口腔や鼻腔が響きやすくなります。カラオケで高音域を出したいときなどは、あくびのときのように、特に喉を開けて息を吸ってあげることが重要です！

あまり不自然なほど大きく口が動いてぎこちない発音になってしまう人は、親指と人さし指で口角を押さえ、口の横の動きを止め、かつはっきりと朗読をしてみてください（上図）。これは歌の練習にも非常に効果

的で、音程がとりやすくなったり、高音が出やすくなったりします。カラオケが好きな方は、ぜひ試してみてください。

プロの声優さんやアナウンサーの口の動きを観察するのも、すごく参考になります。口がほとんど動かないのが、おわかりになると思います。はっきりと話すのにも、大きな声を出すのにも、必要以上に口を動かすと喉が閉まって痛めたり、言葉がかえって聞きとりづらくなったりと弊害にしかなりません。

口を大きく開けて動かすのではなく、喉が開くように意識しましょう。話すときに喉が閉じている人は、歌うときも喉を閉じてしまいます。

喉を開くには先ほどお話ししたように、**リラックスしてゆったりと息を吸う**こと。あくびをするときの按配が、理想です。あくびをするときには、大きく喉が開きます。試しにあくびをしたり、リラックスして「はぁ〜っ」と大きく息を吸ってみてください。喉が気持ちよく開いていていませんか。

それだけで声の響きは大きく変わっていきます。

そして、日常会話で気持ちよくしっかり響かせてしゃべれるようになると、歌も上達してしまうものです。しゃべっているだけで、歌が歌いやすくなる。そんなことがあります。

歌うことも、しゃべることも、同じ「声を出す」という仕事です。声のコントロールができるようになれば、歌も歌いやすくなるのです。

考えてみてください。どんなに売れている歌い手でも、**しゃべる合計時間が、歌う合計時間を超えることはまずありません**。ですから、歌い手を目指してどんなにいい練習を毎日3時間したとしても、日常会話を悪い発声で5~6時間もしていたら、悪いクセをつけている時間のほうが長いのです。

ゆったりとした気持ちで、息を大きく吸って、喉を開けてみる。

この小さな習慣で、あなたの声は驚くほど響くようになります。

なぜアスリートはいい声なのか

いい声を出すための基本は第2～3章で詳述しますが、「姿勢と呼吸」が肝になります。

そして、この「姿勢」と「呼吸」を保つうえで欠かせないのが、「よい筋肉」と「前向きな心」でしょう。

1. 姿勢　2. 呼吸　3. よい筋肉　4. 前向きな心

この4つをパーフェクトに満たしている職業があります。

それは、アスリートです。

スポーツニュースなどで一流のアスリートがインタビューを受けているときの声

を、ちょっと注意して聞いてみてください。みなさん、声の高さや大きさはバラバラですが、よく響き、通る声だなと感じることでしょう。さらには、「いい声」をしているなと思うはずです。試合前のインタビューであれば、勝負に挑む前向きな姿勢も声から伝わりますし、勝利後のインタビューであれば、結果をつかんだ自信から、よりパワーを感じる声だなと感じるかもしれません。

おそらく、日頃から姿勢がよく、それを支える筋肉が十分にあって、呼吸も深いためでしょう。よい記録を目指して、常に前向きに努力する精神力も備えています。

声は、前向きなスイッチを入れないと、なかなかいい音で出ません。

悲しい曲や暗い曲を歌うとき、感情として悲しい気持ちになるのはいいのですが、体のすべてが悲しみや暗い気持ちに支配されてしまうと、声は出なくなってしまいます。

悲しい曲なのに、なぜか「力をもらえた」と感じることがありますよね。あれは、歌い手のパワーが声に乗り、私たちに一歩を踏み出す勇気を与えてくれるからなのです。悲しみの底から立ち上がろうとする強さは、前向きな気持ちといえるでしょう。

こんなふうに、私たちの身近にある「いい声」「いい歌」を意識的に聞いてみると、新しい発見があるかもしれません。

そしてあなた自身も、普段から声を出すことに意識を傾けることで、「いい声」に一歩、また一歩近づいていくことと思います。

第2章

気持ちいい声を出すための「姿勢」のレッスン

「姿勢よく」をやめると姿勢がよくなる

動画あり

さて、第1章では「いい声」のひとつの目安は、話し手の気持ちよさが相手にも伝わってくる、よく響く声だ、とお伝えしてきました。

では、相手が聞いていて「気持ちいい」と思ってくれる声は、いったいどうすれば出せるのでしょうか。

ここからの第2〜3章では、そのための具体的なポイントを解説していきます。

実は、いい声を出すためには、**発声や発音といった「声の出し方」以上に大切なことがあるの**です。

何だと思いますか。

それは、**「姿勢」**と**「呼吸」**です。

え！　声をよくしたいのに、姿勢と呼吸なんて関係あるの……？　そんな遠回りをしたくないのに……と戸惑う方もいるかもしれません。

でも、これが密接に関係しているのです。

むしろ、**声がよくなる近道**といってもいいでしょう。

詳しくお話しすれば、きっと納得してもらえると思いますので、それぞれ解説していきましょう。


まずは、なんといっても大事な「姿勢」からです。


背筋がピンと伸びたいい姿勢の人というのは、声を聞く前から、しっかりしていて信頼できそうな人だろうな、という好印象を与えます。話をする前から、すがすがしい気持ちにさせてくれますよね。

つまり、ただ立っているだけでも、信頼性が増すメリットがあります。

しかも、声をよく響かせるうえでも、いい姿勢を保つことが絶対条件なのです。

「姿勢をよくしなさい！」というのは、きっとみなさんが子供のころから親御さんや学校の先生に言われてきたことでしょう。それが大事なのはわかっている！　と思う人も多いと思います。

でも、特に難しいのは、いい姿勢を「保つ」ことではないでしょうか。

一瞬であれば、いくらでもいい姿勢になれます。でも、そのまま長い時間を過ごすと疲れてきます。ふと気を抜いて、背筋が曲がってしまっている……ということがあるのではないでしょうか。

それは、「姿勢をよくしよう」として、腰をそらせすぎたり力を入れすぎたり、無理な体勢を取っている場合が多いからです。いい姿勢を保つには、その逆をいってください。

長い時間いい姿勢でいるためには、「姿勢よく！」と思うのをやめるのです。

代わりに、次の3つのポイントをいつも意識してみてください。

・足の親指を平行に並べ、地面にしっかり着ける
・目線は高く保つ
・体を縦半分に分ける「正中線《せいちゅう》」を意識する

簡単ですよね。無理をして背筋を伸ばそうとするのでなく、この3つをやれば、自然と背中がピンとするのです。

この3つのポイントについても、それぞれコツがあるのでお話ししましょう。

まず次ページの図を見てください。

足は、腰幅に平行に並べて立ちます。**肩幅でなく、腰幅**です。

両足の親指は不自然なほど力を入れる必要はないのですが、地面からの力を受けられるように、しっかり地面に着けてください。柔道をはじめ格闘技では、親指が浮いた瞬間にストーンと崩されることがあります。それと同じように、いい姿勢を保つためにも、**足の親指を地面から離さないことは鉄則**です。無理に力を入れる必要はありません。親指がつま先まで地面に着いていることを意識してください。

いい姿勢は「スカイツリー立ち」で取れる

両足の親指をしっかり床に着けて膝を緩め、
上半身の力を抜いたら、
ゆっくり起き上がろう

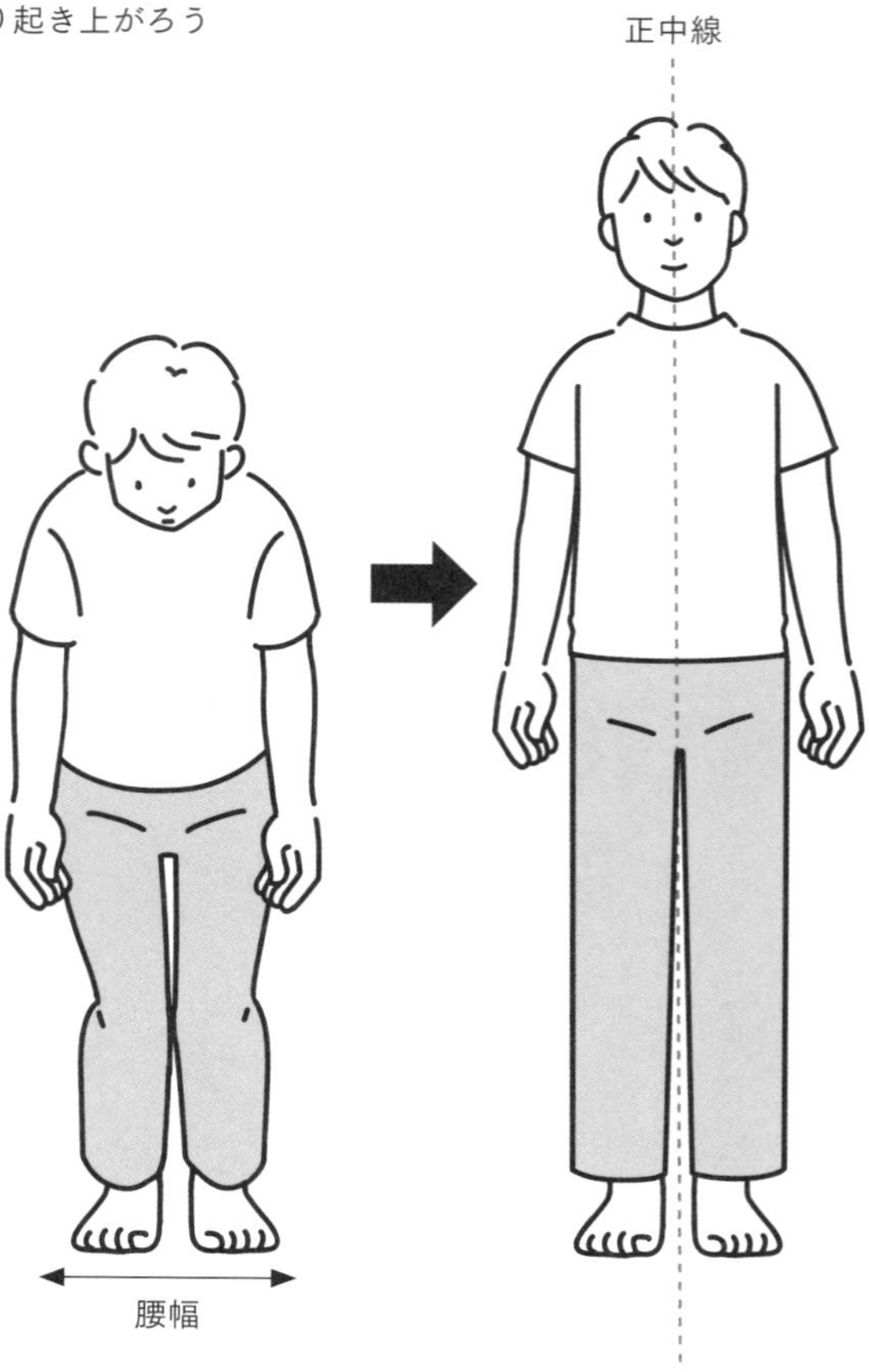

親指がしっかり地面に着いたら、いったん軽く膝を曲げて、ゆっくり踏み込みながら立ちます。ゆっくり、ゆっくりです。「スカイツリー」のようにまっすぐ伸びていく。

このとき、ただ膝を伸ばそうとするのではなく、地面を押すことで自然と体全体が上がってくるよう意識してください。そうすると、膝を伸ばしたときに、お腹がきゅっとなって、下半身が安定し、上半身が前傾しづらくなります。

この方法が理にかなっていると僕が思うのは、「人間の進化の過程に沿っている」からです。

いきなり進化？　なんの話？　と思われたかもしれません。

少し説明させていただくと、僕らの先祖は四足からサルになって二足歩行の人間に進化してきたわけですよね。つまり、脊柱起立筋や腸腰筋《ちょうよう》をグーッと下に引っ張りながら二足で立って歩くことができるようになりました。だから、先ほど説明したように膝を緩めてゆっくり踏み込みながら、サルが人間に進化するつもりでゆーったりと立つと、進化の過程に沿って自然に筋肉を使え、ラクに理想的なポジションが取れるというわけです。

スカイフック

あごを上げようとするのではなく、軽く頭が上に吊られるイメージで

ここまでできたら、多くの人はかなりいい姿勢になっています。ただ、ちょっとだけ頭が前側に倒れたまま残りやすいことがあります。

だから、自分の頭の真上にフックがあると思って、そのフックに軽ーく頭が吊られている感じで持ち上げてあげてください。これを「スカイフック」といったりもします。天からのフックで頭が吊られている。自分で持ち上げると思うと力みますが、天のフックに持ち上げられて自然と頭が持ち上げら

れる感じです。

そうしたら水平線を見るような気持ちで遠くを見やる。**あごを上げる、あるいは目線を上げると思う必要はありません**。軽く頭を高くしてあげる。

最後に、いったん遠くを見てください。そして近くに視線を戻すと、自然にいい姿勢になります。


この姿勢を取るときガニ股になると、肋骨と骨盤が開き気味になります。すると男性も女性も所作がきれいに見えませんから、**ガニ股は厳禁**です。

逆に、自分で骨盤を締めようなどと思うと、変なところに力が入ります。

ですから、両足の親指と親指を平行に並べて地面に着け、頭を少し上げてあげると、それだけできれいな姿勢になります。


そして最後に、体の縦半分を通る「正中線」**(42ページ右図)**を意識してみましょう。空から地面まで、体の真ん中をズドーンと串刺しにされる感じです。

自分のエネルギーが空高くから、地面の深くまでドーンと通じているようなイメージをもってみてください。座っているときも同じで、正中線を意識します。

よく柔道などの稽古で「正中を正しなさい」といわれます。正中が曲がっていると、不自然に見えたり清潔感がなくなったり、相手ときちんと向き合っていない、というメッセージを送ってしまうことになりかねないからです。このことは、普段の生活でもいえることだと思います。

いい姿勢を保つコツは、「正しい姿勢」を取ろうとしないこと。

正しくと思いすぎると力んだ姿勢になり、見栄えもあまりよくありません。力めば、もちろん声にもよくありません。

「正しい姿勢」や「いい姿勢」ではなく、「自分が気持ちのいい姿勢」を取るぞ！と思ってください。それが自分にも相手にも気持ちのいい、美しい姿勢へとつながります。

座ったときにもいい姿勢を保つコツ

立つ姿勢については、大体つかんでいただけたのではないかと思います。
では、座ったときにもいい姿勢を保つためのコツがあるのでしょうか。

仕事上の打ち合わせや交渉事のほか、プライベートで友人と食事をするといった場合でも、座って相手と向かい合う場面は日常にあふれていますよね。

座ったままでも相手にいい印象をもってもらうには、もちろん姿勢が大切です。
座るときも、立っているときと同様に、両足の親指は平行に置いて、やっぱりしっかり地面に着けてください。足を組むクセがある人も多いでしょうが、たまに格好つけたいときだけにして、できるだけ避けましょう。両足を地面に着けたほうが体勢はずっと安定します。

そして、坐骨で座面を軽く押してあげれば、パーフェクトです。

グッと踏ん張る必要はありません。


このとき、必要な筋肉を鍛えておいたほうが、当然ながら体勢は崩れにくくなります。

でも、特別な筋トレをするのが難しいという人は、むしろ、この**理想的な姿勢で日頃から過ごしていただくのが一番大切です。それ自体がいい筋トレに**なります。そんなにつらくはないはずですが、ゆるい負荷を長くかけてあげるので、いわゆるインナーマッスルと呼ばれるような姿勢を取るのに大切な筋肉が育ちます。


そのぐらい、日頃からいい姿勢を意識しておかないと、うっかり背中が曲がり、肩が内側に入ってしまうなど、すぐに姿勢は崩れます。

その理由のひとつは、生活文化の変化にあるのではないか、と僕は考えています。

かつて私たち日本人が着物を着て畳に座ってご飯を食べていた時代には、姿勢がもっとよかったのではないか、と思うのです。というのも、着物を着てはだけないよう歩くには、骨盤を締めて、腰に重心を置いて下駄を足の指2本でしっかりつまんで歩かないとうまくいきません。椅子に座るのではなく、畳の上に正座する場合も、体の重心が下にきて体がグッと締まります。

ところが、明治以降、特に戦後は庶民にも西洋文化が広まり、日本人が急に洋服を着て椅子に座る文化に移行したので、重心が外側に流れやすく姿勢が崩れやすくなったのではないかと思うのです。庶民にまでこの生活が広がったのは、いってみればたかだか数十年ほどです。まだ日本人が椅子に座り洋服を着て、いい姿勢で過ごす生活は定着しきっていません。

だからこそ、毎日自分の姿勢を少しだけ意識してみる。それが習慣になり、姿勢を保つために必要な筋肉も鍛えられることで、ずっといい姿勢でいられるようになると思います。

「天のカーテン」を開け明るい空を感じる

動画あり

ここまでで気持ちのいい姿勢ができるようになったら、自分の頭上に「天のカーテン」があると想像し、気持ちいいなあと思いながら、さーっとカーテンを開けてみてください。実際に、手でカーテンを開ける動作をしてみてくださいね。

たとえば、晴れた日に、高い木が茂った大きな公園を散歩すると、葉の間からキラキラと陽の光が降り注ぐようなときがありますね。世界が美しく輝いていて、気持ちいいなぁ、と感じるのではないでしょうか。

仮に真冬の寒い日であっても、雨が降ってどんより曇った日でも、窓のないミーティングルームでも、そういう太陽のキラキラが注ぐ風景をいつも想像するのです。**自分の頭の上は高くて明るい、その光を自分は跳ね返してキラキラ光っている**と、いつでもイメージしてください。

「天のカーテン」オープン！

頭上にあるカーテンを
サッと開けるイメージで手を動かし、
自分のテリトリーを広く感じよう

なぜ「天のカーテン」を感じる必要があるのでしょうか。

それは、自分の体や自分のテリトリーを、いつもより高く大きく感じてほしいからなのです。不思議なことに、自分の認識した広さにしか声は広がっていきません。

特に、**天井を低く感じていると、声は鳴りづらく**なります。

本当にある話なのですが、歌のレコーディングをするときにレコーディングスタジオが狭いと、ディレクターがアーティストに、「ごめんね、今日のスタジオすごく狭くて。でも、広くて天井が高い場所で歌っているとイメージしてみてくれる？」というディレクションをすることがよくあります。これも、より響く声を出してもらうためなのです。


そして、わざわざ、手を上げてカーテンを開けるしぐさをすることにも意味があります。ただ頭の中でそっと思うだけより、**体を動かして動作をすると、脳が働きやすくなるのです。「本当にここは天井が高くて広い場所なんだ」と認識し**やすくなるのです。

ここまで話してきたとおり、体に余裕をもって大きく感じて、正中線が体の真ん中をズドンと通っているのを感じてください。そんなふうに自分の空間を高く広く感じて周りから受けるたくさんの光を跳ね返してキラキラしているような意識をもつと、不思議とそれまでと違ったオーラを放つのか、周りの人からの見え方も変わってきます。

ちなみに、スターは本当に光っています。

僕の友人がニューヨークにある新聞社でＣＥＯをしています。その彼が映画祭の会場でインタビューを取るためにトム・クルーズを待っていたときのこと。脚立に上がって、いったいどこにいるんだ？　と見渡したら、顔なんか全然見えないぐらい遠くにいたけれど、人混みの中でもパーンと光っていてすぐに見つけられたそうです。

トムは長身なわけでもないし、それでも遠くから光が見えたというんです。それをすぐそばの同僚に言って、脚立に上げて確認させたら、やっぱり「本当だ、光ってる！」と言っていたそうです。

人が光を放つなんてあるの？　と疑問に思われるかもしれません。しかし、私たちの目は物質を見ているのではなく、物質が跳ね返す光を見ているわけです。人によって粒子の状態が違えば、光を強く跳ね返す人、そうでない人というのは十分にあることのように思えます。

事実、最先端の物理の量子力学の世界などを勉強したりしていますと、光は粒子であるとか、エネルギーは観察によって波動になったり粒子になったりするという理解を超えるような研究を発表しています。そうした研究が近い将来、なぜスターは光っているのかとかオーラといわれるようなものの秘密などを、科学的に解明するかもしれません。

話は戻りますが、とはいえ一般の人が急に、トム・クルーズのような光り輝くオーラを放つのは難しいかもしれません。そんなふうに存在感を感じさせるには、まず**自分で自分のテリトリーを広く感じることが第一歩**ではないか、と僕は思っています。

「王様のマント」を着けてゆったり歩く

動画あり

「天のカーテン」を開けて天井を高く感じてください、とお伝えしました。

それと同じ原理で、今度は自分の360度のスペースをいつもより二回りぐらい広く感じるようにしてください。

僕はこれを「王様のマント」と呼んでいます。

みなさんも、映画や絵本などで、王様や女王様がマントを着けてヒラヒラなびかせながら歩く様子を見たことがあると思います（次ページの図）。あんなふうに、マントがなびくスペースまでを自分の領域だと思って、ゆっくり歩を進めてみてください。

女性だったら、きれいなAラインのロングコートを想像してくれてもいいです。ゆったり、後ろにマントかコートをなびかせているつもりで優雅に歩く。

「王様のマント」ウォーキング

せかせかしてはダメです。

下を向いてもいけません。

上だけでなく、自分の後ろ側も含めた半径1メートルを自分のテリトリーだと感じながら、ゆっくり歩くと、周りからは堂々として見えるはずです。

ちょっとオーバーじゃないかな……と心配する必要はありません。むしろ、堂々と歩かないと、リヤカーを引いて歩くおじさんみたいに見えますから注意してください。

もちろん、みなさんはモデルではないのですから、わざわざ**歩く練習をするために特別な時間を作ることはありません**。会社に行く途中や、社内の廊下など、ほかの人がいないときは「常に」ゆったり、なびくマントを感じながら歩いていると、堂々とした所作が板についてきます。

もちろん、慣れてきたら普段街中を歩くときにも試してみてください。

ズドーンと正中線を感じながら立ち、「天のカーテン」を開ける。すると、上が高くて明るく感じられるし、さらに「王様のマント」の広がりを自分のスペースと感じながら堂々と歩く。

「姿勢」とは、勢いを姿《すがた》する、と書きます。「自分の勢いを姿するぞ!」と思って姿勢を意識してください。自分から発するエネルギーが、不思議と周囲に伝わるようになります。

カリスマ性は誰でも手に入れられる

「天のカーテン」と「王様のマント」を感じながら、自分が堂々と目線を高くして歩いていると、逆に、周りでいかに多くの人が目線を落として歩いているのか、そして、そういう歩き方がどれだけ自信なさそうに見えるのか、ということにも気づけます。

僕自身も、普段からそういう歩き方を心がけています。すると、すれ違うほとんどの人が目線を落としているため、誰とも目が合わないので不安になるほどです。ときどき目が合うなと思うと、西洋人の方だったりします。日本人の多くは、背を丸め目線を落として歩いているんだ、と実感します。

ということは、**堂々と歩けるだけで、すごく周囲と違って「特別」に見える**

ということでもあります。いわゆる「カリスマ性」の源は、この姿勢と歩き方によるところも大きいのではないか、と僕は思っています。その人のもつエネルギー、すなわち勢いが姿になって、カリスマ性として現れているのでしょう。

もちろん、その人の思想のほか、話し方、アーティストであれば歌やダンスといったパフォーマンスの素晴らしさなど、さまざまな要素の集合体が「カリスマ性」を作るのだと思います。

でも、その一端は間違いなく、姿勢と歩き方であって、それは誰もが手に入れられるものです。

「カリスマ性」というと、少しハードルが高いでしょうか。ただ、堂々として、発する**エネルギーが高い人に、みんな自然と惹きつけられる**ものです。そうなれば、聞いてほしい話にも耳を傾けてくれやすくなります。

ですから、空間を広くとって堂々と歩くなんて、少し恥ずかしい、気後れしてしまう、という人も、自分がどう感じるかよりも、周りの人がどう思うか、という点を優先する気持ちになると、やりやすいかもしれません。

周りからどう見えるかを優先できるようになることは、舞台芸術で「演じる」ことの第一歩にも通じる点です。

堂々とした態度というのも、一朝一夕には身につきません。付け焼き刃だと、緊張したり怒ったりした負荷の高い環境では、すぐに吹き飛んでしまって普段の自分の姿が露わになってしまいます。ですから、「天のカーテン」と「王様のマント」を常に意識して行動することで定着していきます。

自分の意識が変わり、行動が変われば、誰もがカリスマ性を手に入れられるのです。

力の抜きどころを知る

姿勢にも通じますが、「力《りき》む」「弛《たる》む」「緩《ゆる》む」という体の使い方は、声にものすごく大きく影響します。

みなさん、普段はさほど意識されない動作かもしれません。

「弛む」というのは、なんとなく想像がつきやすいですね。だらーんと「力が入っていないこと」でしょう。

では、身体が「緩む」というのは、どんな状態だと思いますか。「弛む」とどう違うのでしょうか。

多くの人は「緩む」というのは、「力を抜くこと」と言われます。ただ、それだと弛むとの違いはよくわかりませんので、後でもう一度考えてみます。

最後に、「力む」というのは、どういう状態でしょう？

よく返ってくる答えは「力が入っていること」というものです。

この3つの言葉の定義を、僕は次のように考えています。

「弛む」というのはズバリ「必要なところに力が入っていないこと」です。そして「力む」というのはその反対で、「不必要なところに力が入っていること」。

「緩む」は、2つの要素があるハイブリッドな言葉です。まず、「必要なところに力が入っている」というのが絶対条件です。加えて、「不必要なところの力が抜けている」ことが大切です。

声を出すときに大事なのは、この「緩む」状態を知っておくことです。

体が緩めば、必ず気持ちが緩んで、気持ちのいい声が出やすくなるためです。

多くの人は、いい声を出そうとすると喉や肩などにやたら力を入れて声を出してしまいがちです。でも、それはまったくの逆効果です。力を入れると単調な声しか出なくなるので、繊細で細やかな表現ができなくなります。

この体の「緩む」状態が理想的なのは、声に限らず、あらゆる動作に通じるようです。

たとえば野球のイチロー選手が、バックホーム（ホームベースまで球を投げること）のときに一番気を付けるのは、捕球するまでに全身の関節一つひとつの力を抜いておくことだ、と言っていました。声を出すという動作が筋肉運動である以上、同じことがいえるのではないでしょうか。

大事なのは、**余分な力を抜いてリラックスしておく**ことです。

だから、体を緩ませるコツを知っておくと便利です。

そして、緩ませるときに一番大事なのは、どこに力を入れるのが大事かを知ること。「余分な力」はいりませんが、「必要な力」もあります。どこに力を入れる必要があるのか自分の体に覚えさせるために、最初のうちは不必要なところまで力んでしまっても、一時的に見逃してください。

この「**最初のうちは力みを見逃してあげる**」ことが、すごく重要です。

何度も練習するうちに、力の抜きどころはわかってくるからです。まず力を入れる場所を知って、反復練習をすることで、徐々に不必要な力を入れることもなくなってきます。理想的な「緩む」状態になれます。

いい声を目指すうえでも、まず、「力を入れるべきところ」を意識して力を入れてみると、徐々に力の抜きどころがわかってきます。

では、どこに力を入れればいいのか。

それは姿勢を保つ項でお伝えしたように、足の両親指です。きちんと地面に着けて床を踏み込むように。それから、頭を軽く吊り上げる。前述した「スカイフック」です。頭を吊り上げるために、力を入れるというほどではありませんが、少しだけ後頭部や首のあたりが伸びるような感覚があると思います。

この足指と頭の2点を意識すると、ほかの必要な部分は力を入れるというより、自然に力が入ります。「入《い》れる」でなく「入《はい》る」というのがコツです。ですから、この2点以外の部分は力を抜くような気持ちでいいのです。よく〝腹式〟呼吸と聞いて、無理やりお腹に力を入れている人がいます。事実、お腹の必要な部分に力は入るのですが、入れるでなく入るが正解です。**意識して力を入れる部分は、足指と頭の**

2点だと思っていてください。

スキーでも初心者は、ボーゲンといってスキー板をハの字にした滑り方を教わり、「曲がりたい方向と反対の足に力を入れると曲がれます」などと必ず力を入れる場所を教わりますよね。自分の体をコントロールするために、力の入れどころを知ることがそれほど大切だからです。これを知らないままスキーを滑ったら、まっすぐ直滑降のまま木に激突しかねません。ですが、ボーゲンが上達するうちに、力の入れどころと抜きどころがわかってきて、上手に板を平行にくっつけパラレルに揃えて滑れるようになります。

一方、話し方や歌い方が硬いときなどに、よく「力を抜いて」とアドバイスされます。でも、**最初からただ力を抜くと、必要なところに力が入らず弛むだけ**になってしまいやすいので注意してください。あれれ、おかしいな、と思って力を入れると、今度は力んでしまう。すると、「弛む⇅力む」のループにはまって脱出できなくなります。

普段の生活でも少し気を付けてみると、いろいろなところに余計な力が案外入っているものです。

電車を待っているとき、ぼーっとしているとき、一生懸命に本を読んでいるときなど、自分の体のどんなところに力が入っているか少し気を付けて感じてみてください。そういった日常の一つひとつの余分な力を抜いていくことが、いい声につながっていきます。

目力はむしろ邪魔になる

一般に、「目力《めぢから》がある」というのは、いい意味で使われますよね。やる気がみなぎっているとか、強い意志が感じられるといった前向きさのひとつの表れでしょう。

でも、発声の練習においては、少々厄介なのがこの目力なのです。

先ほども、力の入れどころと抜きどころの話をしました。

基本的に、発声するときに顔や口に力が入って力んでしまうことは、あまりいいことではありません。顔や口に力が入ると、声が胸の空洞を通らず、頭周辺も締めつけられてしまい、空洞全体が響きにくくなってしまうからです。

ところが、この「顔や口の力を抜く」というのは、できそうでできないもの。

「**わかっちゃいるけど、やめられない**」んですよね。

そういうとき効果的なのが、「目の力を抜く」ことです。

顔や口の力だけを抜くのは難しいのですが、目の力を抜く、と思ってやってみてください。

具体的に、どうやって目の力を抜くのか。

そのためには「第三の目で見る」ことを覚えてください。

東洋では、眉と眉の間の少し上に〝第三の目〟があるといわれています。ヨガをされている方や東洋医学などを少しでも勉強した方なら、聞いたことがあるかもしれません。

この**第三の目で見るように意識すると、不思議と「目力」が抜けて、体全体の余分な力が抜けていく**のを感じるはずです。

しかも、第三の目で見ると、さらに副次的な効果もあります。

「眉間にしわが寄らなくなる」ことと、「視野が広くなる」ことです。


早速試してみましょう。

みなさん手元にある文章を2~3行、詩でも小説でも構いませんから用意していただいて、最初は「思いっきり眉間にしわを寄せて」読んでみてください。

その後、「第三の目で見るつもりで」眉間を開いて読んでみてください。


いかがでしょうか。

驚くほど声に違いが出たのではないでしょうか。

目の周辺の神経と喉の周辺の神経は非常に近いことも、こうしてみると実感していただけたと思います。


人間の脳機能のうち、かなり多くの割合が視覚情報処理に使われているといわれます。目は脳の司令塔の一つです。

ですから、発声も含めて肉体運動をするときには、この目をどのように使うかというのがひとつのポイントなのです。

第三の目で見て眉間を開き、目をリラックスさせます。

このことで、神経的に密な関係をもっている喉の緊張も緩和されますし、全身が心地よく緩んでくる感覚があると思います。

ここでさらに、視野を広くとって、自分の周りの空間をより大きな立体として感じてあげると、目から脳に指令を送ってくれます。すると、脳は「この広い空間に声を響かせる必要があるんだな」と認識して、自然と厚みのある声を出すように体に指令を出します。

仮に狭い会議室などにいても、部屋の外につながっているイメージで遠くまでスペースを感じてみてください。

発声のテクニックももちろん大事なのですが、**脳が必要性を感じてくれること**

は、そのテクニックを定着させ、向上していくうえで非常に重要です。

人は、心から楽しい！　とか、やりたい！　と思うことでないと、自分に必要なことして脳が切り捨てようとするため、長続きしません。おそらく、みなさんも子供のころの習い事や、大人になってからの英語の勉強などで、思い当たるところがあるのではないでしょうか。

そういう体の奥深さやいろいろな感覚・機能を知ることで、より自由に発声できるようになると思います。みなさんも身近なところから関心をもってみてください。

「魅せる」「聞かせる」気持ちで印象がガラリと変わる

普段、ボーカルディレクターとしてプロのアーティストや俳優と接していると、彼らは観客や聴衆に対して「魅せる」「聞かせる」という感覚をもっています。

ですが、おそらく**世の中の9割ぐらいは、受け手側の「見る人」「聞く人」**でしょう。一般のビジネスパーソンが「魅せる」「聞かせる」感覚を普段からもっていなくても当たり前です。

でも僕は、一般の人たちこそ、自分のことを「魅せる」「聞かせる」という意識をもつだけで、**人前で話したり、交渉したりするパフォーマンスの質がぐんと上がる**のに、なんてもったいない！　と思っています。

というのもアーティストの場合、自分のファンを相手にパフォーマンスを行うことがほとんどです。自分のことを見たくて集まった人たちにパフォーマンスをするのですから、注目してくれて当たり前だし、好き！　かっこいい！　かわいい！とプラスの気持ちで見とれてくれて当然です。

でも、みなさんが普段仕事やプライベートで話す相手は、あなたやあなたがする話に１００％共感しているとは限りません。むしろ、あなたやあなたがする話に、興味がない、どちらでもいい、あまり好きではないと思われていることさえあるでしょう。

たとえば、次のような場合です。

・営業や販売などお客さまに商品・サービスを売り込む
・社内で上司を説得する
・お母さんが気の散りやすい幼児に着替えを覚えさせる
・さほど気のなさそうな女性をデートに誘う　……等

相手がそんなに興味をもっていない話を聞いてもらったり、関心をもってもらったりするということは、アーティストが自分のファンの前でパフォーマンスをして喜ばせる以上に難しいことかもしれません。

ですから、話し方や話す内容より先に、まず話し手であるあなたが、相手から少しでも魅力的に見えたら相手のハードルは少し下がるはずです。**いい印象を与えるだけで、その後に越えなければならないハードルが少し下がる**のです。話を聞いてくれやすくなったり、関心をもってくれるかもしれません。

そのためには、アーティストと同じように、**自分を「商品」だと思ってみる**のです。どんな商品・サービスも、見た目＝デザインはパッと目に入ってきますから、好きか嫌いか、役に立つか立たないかなど、相手の印象に大きく残ります。

では、見た目の印象がよくなるには、どうすればいいのか。それは、いわゆる美人・美男子とか、そういうことではありません。プロダクトの個性にも、「丸っこくてかわいい」とか「エッジが効いててかっこいい」「ブサかわいいゆるキャラ」など、さまざまあるように、**自分という商品の魅力の方向性は無限**です。

人間の見た目というと、どんな要素があるのか考えてみてください。

髪形や**ファッション**ももちろん含まれますね。**顔の造作**や**表情**、**スタイル**の良し悪しもあるでしょう。「コンサバで清潔感のあるスーツだな」とか「目が大きくて、愛嬌がいいな」といった外見の印象はいろいろとあるでしょう。

ですが、おそらく見ている側も意識していないのに、**知らず知らずに印象を左右しているのは「姿勢」**ではないでしょうか。

よほど姿勢がいいか、よほど姿勢が悪いかであれば、「あ、この人は姿勢がいいな」「姿勢が悪いな」と思うかもしれませんが、多くの場合「この人は姿勢が……」という印象はもたないはずです。

「なんとなく信じられない」と感じるとき、実は姿勢が一因だったりするでしょう。逆に、「なんとなく気持ちいい人だ」と感じるとき、洋服や顔の表情もあるでしょうが、その人の姿勢のよさが全体の雰囲気をつかさどっている、ということは多いはずです。

同じ人でも、背中を曲げてうつむきがちに話すときと、姿勢をすっと整えて前を向いて話すときとで、まったく印象は変わりますよね。次ページの左側の絵のよう

姿勢で「なんとなく」判断される

な体勢であれば、「ああ、この人は姿勢が悪いな」ではなく、「なんとなくだらしなくて信用できないな」と思われるし、右側の絵のようであれば、姿勢がいいうんぬんより、「なんとなく明るくて気持ちのいい人だな」と思われます。

しかも、「なんとなく」というのがポイントで、**相手もみずからが意識しないうちに判断している**のです。

いい姿勢を保つポイントは、先ほどお話ししたとおりです。

ここであらためて、いかに姿勢が印象を左右するか、という大切さを覚えてください。そして、無意識下に悪い評価を得ると、後で挽回するハードルが非常に高くなるということも気に留めておいてください。

「いい気持ち」は声に乗り移って相手に伝わる

気持ちのいい姿勢を取れたところで、具体的な発声のレッスンに入る前に、まず自分の気持ちをうんと盛り上げておきましょう。

たとえば、行きたかったコンサートのチケットが抽選で当たったとき「よし！」と気分が上がりますよね。好きなスポーツチームが試合で勝ったら「よっしゃー！」とうれしくなると思います。

そのぐらい**自分の気持ちを高めておくと、体も動きやすく声が自然と出やすく**なります。

でも、特に理由もないときに、どうすれば自分の気持ちを盛り上げられるのでしょうか。

手っ取り早いのは、**好きな食べ物や楽しかった出来事を思い浮かべる**ことです。たとえば、ワインが好きな人なら、今から極上のワインにありつけると想像してみてほしいのです。あるいは、おいしいワインを実際に飲んだときの気分を思い出してみてください。

それ、「声」と何の関係があるの？　と疑問に思った方も多いでしょう。実はものすごく関係があるのです。

好きなものを思い浮かべたとき、「おいしかったなぁ」と思わず口元がほころびませんでしたか。一瞬でも、幸せな気持ちで満たされませんでしたか。

そういう気持ちで声を出すと、自然と幸せでハッピーな声音や口調になります。そして、そんなふうに自分がいい気持ちで話していると、相手も無意識のうちにそれを感じて、好意的になります。

「声」には、感情が乗り移るのです。だから、多少のテクニックでは覆い隠せないほど、自分のそのときの感情が丸出しになってしまうのです。

あなたがもしプロの俳優さんであれば、楽しい気持ちだけでなく、悲しさ、寂しさ、怒りなど、もっと多くの感情を表現できなければならないでしょう。でも幸い、一般の私たちの日常生活や仕事では、「楽しく」「明るい」感情で臨めれば8〜9割の場面はうまくいきます。

だから、**「いい気持ち」で声を出すことが、テクニック以上に大切な鉄則**です。

声を出すときには、まず楽しかったことを思い浮かべて気持ちを盛り上げること。たとえば、自分の好きな食べ物や趣味、旅行の思い出などをあなたが友人に伝えようと話しているときを思い出してみてください。声のトーンや目線、身振り手振りに至るまで、すべてが自然と、でも一生懸命に楽しさを伝えようとしているはずです。

仕事でも同じぐらい自然体で、しかも〝伝えよう〟という積極的な気持ちをもって話してみると、相手の自分に対する印象はグンとアップします。

1秒で気分をリセットできる情報インプット術

ただ問題は、人間誰しも、常に聖人君子のように「いい気持ち」を保てるわけではない、ということです。たまたま風邪をひいていたり、誰かと喧嘩をした直後だったりして、体調や気分が**モヤモヤとしているときは、誰だってあります。**

そこへ、お客さまがいらっしゃる時間になったとしましょう。

そんなときは、そのままの状態でお客さまに接すると、自分の負の感情が相手にもろに伝わってしまいます。うまく自分の気持ちを切り替えるための、いい方法があります。

これから会うお客さまやそのミーティングに関する、前向きな情報を自分にインプットするのです。

「◎◎さんは、忙しいなか足を運んでくださってるんだ」

「◎◎さんとの仕事は、自分にとって大きなチャンスだ」

そう考えているうちに、少しずつ明るい気持ちの素が、自分の中に広がっていき、さっきまでとは違う気持ちで、相手に接することができます。


え！　たったそれだけのことで？　と思われるかもしれません。

でも、実際にやってみると、実感してもらえると思います。

自分の調子が上がらないときに、このように気分を意識して前向きにリセットしておくと、相手が受ける印象はまったく変わってきます。


このように、常に自分の気持ちを「上げて」おくことを心がけると、声はもちろん、**第一印象ばかりでなく、あなた自身の中長期的な評価も向上する**はずです。**「いつ会っても気持ちのいい人だ」と思ってもらえる**ようになるからです。

そんな無意識な好印象を勝ち取れれば、その後のコミュニケーションや仕事は格段にスムーズに進むでしょう。

「楽しいことを思い浮かべる」――この情報インプット術ひとつで、あなたの人生がいいほうへ回り始めるはずです。だまされたと思って、やってみてください。

この手法には、少し上級編もあります。

感情のバリエーションを増やすのです。

たとえば、同じ「明るい気持ち」でも、テンションが高いだけだと、嘘くさい雰囲気になることがあります。

明るいのは、宝くじに当たったからなのか、プロポーズに成功したからなのか、仕事がうまく運んでうれしいからなのか、理由や状況によって、その表れ方は違ってくるはずです。一口に「悲しい」といっても、失恋したのか、試験に失敗したのか、お父さんが亡くなったのかで全然違うはずですね。

その場にふさわしい気持ちでないと、場違いな声音で話してしまったり、場違いな印象を相手に与えてしまう恐れがあります。

だから、さまざまな場面でどういう心持ちだったか（想像でもいいのです！）、できるだけたくさんの情報を自分の中に取り込んでおいて、その**状況に応じて、ふさわしい情報を自分の脳にインプット**できるようになるとベターです。「明るい」気持ちにも複数の場面の心持ちを思い浮かべる（想像する）ことができるようになる、ということです。

一種のプログラミングと似たところがあります。

俳優さんたちはこの道のプロですから別として、一般の人の場合は、人生経験がある程度ものをいうかもしれません。ただし、若い方でも想像力を働かせたり、映画や本から学ぶことで補うことができますので、まずはさまざまな感情に敏感になるところから始めてみてください。きっと、それだけで相手が受ける印象は変わってきます。

第3章

気持ちいい声を出すための「呼吸」のレッスン

「吹く」ほうが、いい声になる

声は「姿勢と呼吸の副産物」という話をしました。

第2章の「姿勢」の解説に続いて、「呼吸」の話に移りましょう。


私たちは、**声は「勝手に鳴る」ものだと思ってしまいがち**です。

もちろん、「鳴る」という表現が、理屈として間違っているとはいえません。

しかし、声のトレーニングをするうえでは「吹く」というイメージをもったほうが確実にうまくいきます。


理由は2つあります。

ひとつは、第1章でも触れたとおり、声が出る仕組みは管楽器と同じですから、文字どおり「吹く」ことで音が出るからです。

もうひとつは、吹くためにはその前に空気を吸い込んでおく必要があるので、体に空気がたまると、胸腔などの空洞が広がることで声が響きやすくなるためです。空気が体に十分入っていない状態で大きな声を「鳴らそう」とすると、喉を酷使して声帯を痛めかねません。

では、どういうふうに「吹く」のがいいのか。

少し実験をしてみましょう。

口の前に、5センチぐらい離して手の平を立ててみてください。

大きい声で「あ」と声に出して言ってみます。

そして次に、軽く細く「フ――っ」と息を吹いてみましょう。

どちらのほうが手に息が当たりましたか？

「あ」と声を出すより、軽く息を吹いた後のほうが、はるかに息が当たりますよね。

そのぐらい、声を出しているときの息というのは「細い息」なのです。声を出す

声の息は細い

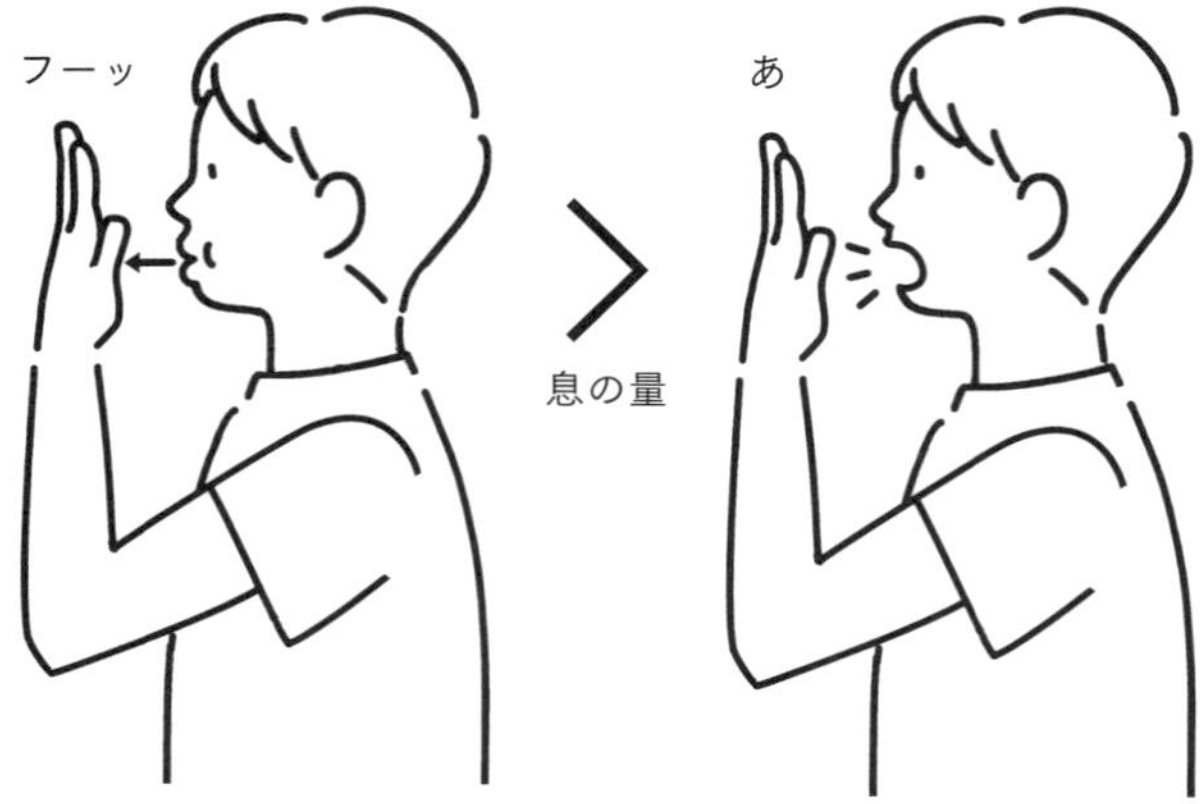

ときの息の特徴は「細い呼吸であること」です。

　よく「歌を歌っているときに息が続きません」という方がいますが、声を出すとき必要なのは細い呼吸ですから、よほどのことがない限り足りなくなるということはありません。つまり、**「息が続かない」と感じられるときは、必要以上に息を太く吐いているなどの息の効率が悪いケースがほとんど**です。

　しかし、声を出すうえでは、細くてもしっかりとした「圧力のある息」を送ることは必要です。吐く息の圧力のことを「呼気《こき》圧《あつ》」というのですが、呼気圧は高めに保てたほうがいい声が出ます。

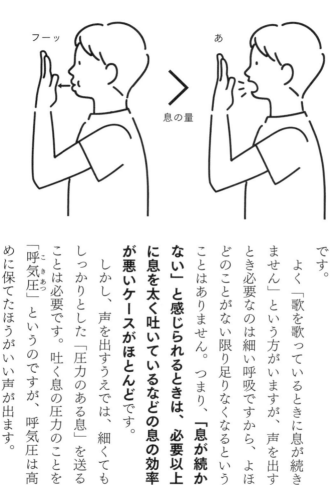

現代人は、そもそも呼吸が浅めで、体の中に十分な空気が入っていない状態の人が多くいます。すると、胸がぺしゃんとなって姿勢も悪くなるし、呼気圧が低くなるので、いい声も出ません。だから、まずは**気持ちよく深く息を吸って胸に空気を取り込んでおくこと**が基本です。

ここでひとつ、よい呼吸法をお教えしましょう。

鼻から息をたっぷり吸って、気持ちよく吸いきったところで3~5秒ほど止めます。そうしたら力を抜いて、自然に息を吐きましょう。これを3~5回繰り返します。そうして、胸腔に息がしっかりと入っている状態を体に覚え込ませるのです。

肺に息をしっかり入れてあげると、いい姿勢を取るのも、よりラクになります。胸腔もしっかりとし呼気圧も高く保てるので、発声も非常にスムーズになり、声もよく響き、喉も痛めにくくなります。

特に、声量を上げたい、もう少し太く響く声を出したいという人には、日頃から体内にたくさんの空気を入れておくよう、しっかりした呼吸を心がけましょう。

腹式呼吸にこだわりすぎない

次に、いい声を出すには、腹式呼吸にこだわりすぎないことも大切です。

腹式呼吸は、呼吸の一部でしかありません。構造上、腹式呼吸のときも胸式呼吸を併用しているからです。

腹式呼吸をするときは、横隔膜が下がることで肺の圧力が下がって（減圧）、高い圧力の外から空気が肺に飛び込んできます。そうすると、胸郭が広がりたくさんの空気を取り込むことができるのです。お腹に空気は入りません。**腹式呼吸、胸式呼吸と両方でよい発声が生まれています。**

プロの歌手であれば、横隔膜をグッと下げる技術も必要ですが、一般の人の普段の発声において強迫観念のように腹式呼吸を意識する必要はないと思います。

犬がワンと鳴くときに「横隔膜を下げて」なんて思わなくても、元気よくかわい

息を吸うと胸腔と腹腔がふくらむ

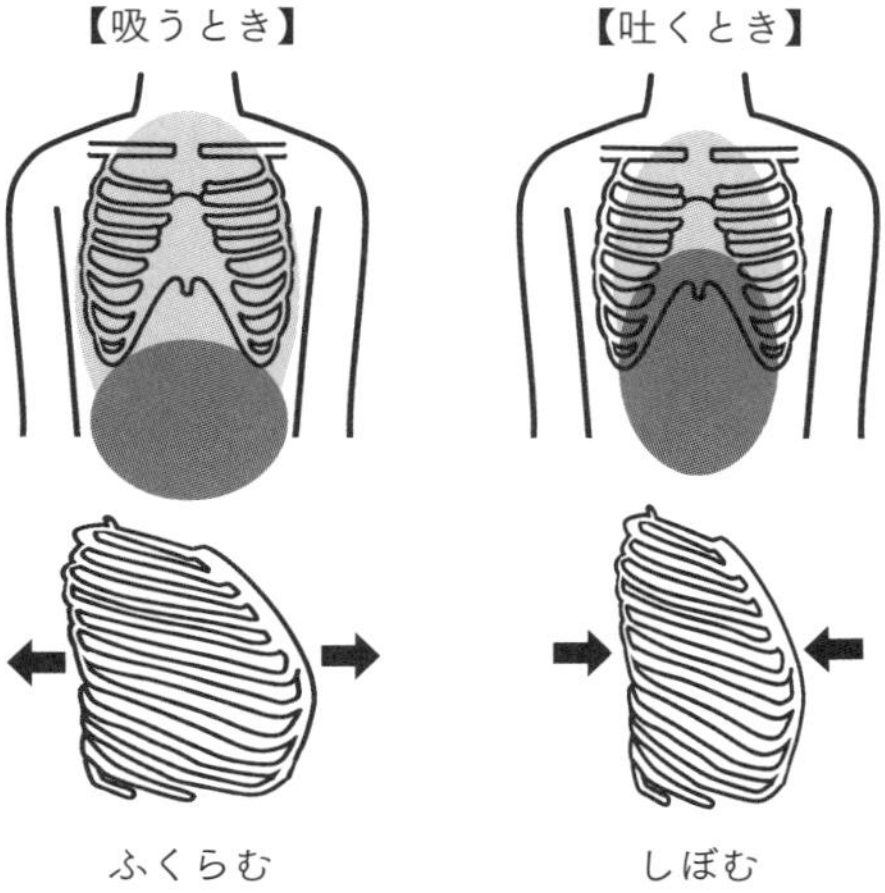

らしい、いい声で鳴きますよね。だから、呼吸だけに固執しないようにしてください。

そして、**腹式呼吸だけを意識していると、余計なところに力が入って、声がかえって響きづらくなったり、下手な舞台役者のような発音になりやすい**のでお勧めしません。

ときどきテレビや舞台で見かけることがあると思うのですが、「はっはっはっはっはっ」というような空笑いや感情が乗らない声になってしまいます。

腹式呼吸を意識するよりも、先ほど

お伝えしたように、自然にゆったりと吸い込んで息を吐く。結果、楽器を吹くように声を出せるようになることが、いい声への近道です。ただし、吸うことを考えすぎたり、吸おう吸おうと無理に努力しないことです。人間は息を吸わないと死んでしまいますから、限界がくる前にひとりでに吸います。

次のように呼吸をトレーニングすると、自然に深い呼吸になります。

まず、美しい姿勢を取って、口は大きく開かずに「フ――――ッ」とひと続きに息を口から細く長く気持ちよく吐ききってみてください。このときも、決して無理に力を入れて吐ききろうとせず、気持ちのいい範囲で吐ききってください。

そして、吐ききったところで、力を抜いてください。すると、呼吸が自然に戻ってきます。このトレーニングをやるだけで、呼吸が深く安定してきます。

「吸気」とは吸う息のこと、「呼気」とは吐く息のことですが、僕がよくボイストレーニングの生徒さんに伝えるのは「**吸気は呼気の場所に戻る**」ということです。

息は速く吐けば速く戻り、深く吐けば深く戻ります。

「曲調が速く、息をきちんと吸えません」という人がいますが、それは自分から息を吸いにいっているためです。速い曲なら速く息を吐いているわけですから、力を抜けば息は勝手に速く戻ってきます。

人間は3〜4リットルの排気量がありますが、日常で使うのは500ミリリットル程度なのだそうです。ということは、古い空気がたくさん体内にたまっているかもしれません。だから、呼吸をしっかりして換気をしたほうが健康にもいいのです。

このトレーニングも、できれば「ここは広くて天井が高くて明るい。気持ちがいい」と思いながら行ってください。1日数回、苦にならない程度でいいので、やってみてください。

家の中でも、電車待ちをしながらでも構いません。呼吸が安定すると、声に効くばかりでなく、体の循環をよくしてむくみなどが改善されることで自然治癒力も高まり、体のリズムもよい方向へ変わってきます。

エイジングで声は磨かれる

声は「楽器」だというお話をしてきました。

楽器というのは、通常はお金を払って買ってきますが、それを持ち帰って弾いてみても、最初からいい音が出るわけではありません。

「エイジング」といって、**一定期間は音を出して楽器を慣らしてあげる**必要があります。老化を食い止めようとする化粧品などでよく謳われる「アンチエイジング」とは逆で、こうして楽器に〝前向きに歳を取らせること〟をエイジングといいます。最近は、エイジングビーフなども流行っていますが、そのエイジングと意味合いは同じです。

楽器によっても、必要とされるエイジング期間は異なります。

たとえばギターやピアノなら数年、バイオリンはものによっては100年以上かかったりします。スピーカーでもプロは数週間から数カ月ほどエイジング作業をすることがあります。スピーカーの硬かったコーンが音に慣れてくるとなめらかになったり、ボディーが響きやすくなるのです。

人間の声も同じで、呼吸と姿勢が安定して声が出せる訓練をしないと、変なところに力が入ったりして声を出す状態になれず、いい音になっていきません。

特に現代人は声を出す機会が減っていますから、意識して声を出す「練習」をする必要があります。そのために最適だと思っているのが、第5章で紹介する「外郎《ういろう》売り」のトレーニングです。

大きな声でゆったりと、深い抑揚をつけながら、昔の文章を読んでみてください。外郎を売る商人の話ですから、物売りらしく、お客さまがふと関心をもってくれるように商品を上手に売り込む気持ちで、感情を込めて読むことがポイントです。

大きな声を出すこと自体は、感情を解放する練習にもなります。

声が小さいことを気にしている人に、いきなり「もっと大きな声を出して」「あなたの感情をストレートに表現して」なんて言っても、かなりハードルが高いかもしれません。でも、「姿勢に気を付けて、声を出す」ことなら、誰でもやれるのではないでしょうか。

実際、大きな声を出し慣れてくると、不思議なもので感情を表に出しやすくなってきます。

そのための練習も、人前が恥ずかしければもっとハードルを下げて、初めのうちはひとりになれる場所でやればいいのです。そうすることで行動療法と同じで、徐々に慣れてきて、自然と大きな声を出すことも感情表現もラクになっていきます。

練習を続けるコツは「今の自分にはできなくて当たり前」と思い、**自分への期待値を最初に下げてから始める**ことです。

「できる（はず）」と思うと、「なぜ自分はできないんだろう？」といつも考えてしまってストレスになります。「なぜダメなんだろう？」の答えは「～だから、ダメなんだよ」とつい考えてしまって、成長できません。

一方、できないことが自然だと思えば、できたときにうれしいですよね。どうせ考えるのであれば**「どうすればよくなるかな?」と考える**ようにしてください。その答えは「〜したらよくなるよ」と前向きになります。

脳というのは、非常に効率的なうえに、自分への暗示効果があるので、この特性を使わない手はありません。ある方が、脳は「グーグル検索だと思って使いましょう」とおっしゃっていて、とてもわかりやすいよい説明だと思いました。

たしかに、グーグルで検索するときに、自分の質問の精度が悪いと、膨大な情報の中から思うような答えを見つけてきてくれません。一方、うまいキーワードを入れたときには、一発で望む情報が見つかりますよね。

たとえば、おいしい魚の煮つけ方を知りたいな、というとき。

ある人は「魚」「煮つけ」でググりました。すると、「魚の煮つけがおいしい割烹」や、「主婦が教える魚の煮つけの作り方」、女子高校生の「彼氏に初めて魚の煮つけを作ってみました!」というブログまで、欲しい情報とはかけ離れたありとあらゆるサイトが出てきます。

でも、ある人は「魚」「煮つけ」「料亭」「レシピ」でググりました。すると、欲しかった情報が1ページ目にたくさん出てきたのです。

自分が脳に問い合わせるときも同じで、うまい質問をすれば脳はそれに応えてくれます。**「どうしていい声が出せないのだろう」でなく「どうしたらいい声が出せるのかな」と思って**ください。すると、脳は「声がよくない理由」ではなく「声がよくなる方法」を探しにいくはずです。

最初はできなくて当然なのに「なぜできないんだろう」と毎日思い続けることによって、脳が声の練習は不要なことなんだと認識してしまうかもしれません。その結果、練習をやめてしまうほうが、あなたにとって大きな損失です。

「自分の表現力を自由に使いこなすための練習」なんだということを、決して忘れないでください。

届けたい相手の「1列後ろ」まで声を届ける

あなたが、誰かに何かを伝えたい、と思ったとき、自分の心のうちで思っていたり、はっきり聞き取れなかったりすると、相手に伝わりません。もっと厳密にいえば、相手にただ届くことはあっても、それをきちんと受け止めてもらえなければ、伝わりません。

しかし、相手に届く手前のところで、自分の声（話）が落ちてしまって届いていないということは案外多いものです。それは、きちんと届けたい相手に対して「いま俺、大事なこと話しているんだから、言葉を拾っとけよ」と、取りに行かせるに等しいことです。すごく失礼なことだと思いませんか。

相手の手前に声を落とさない！

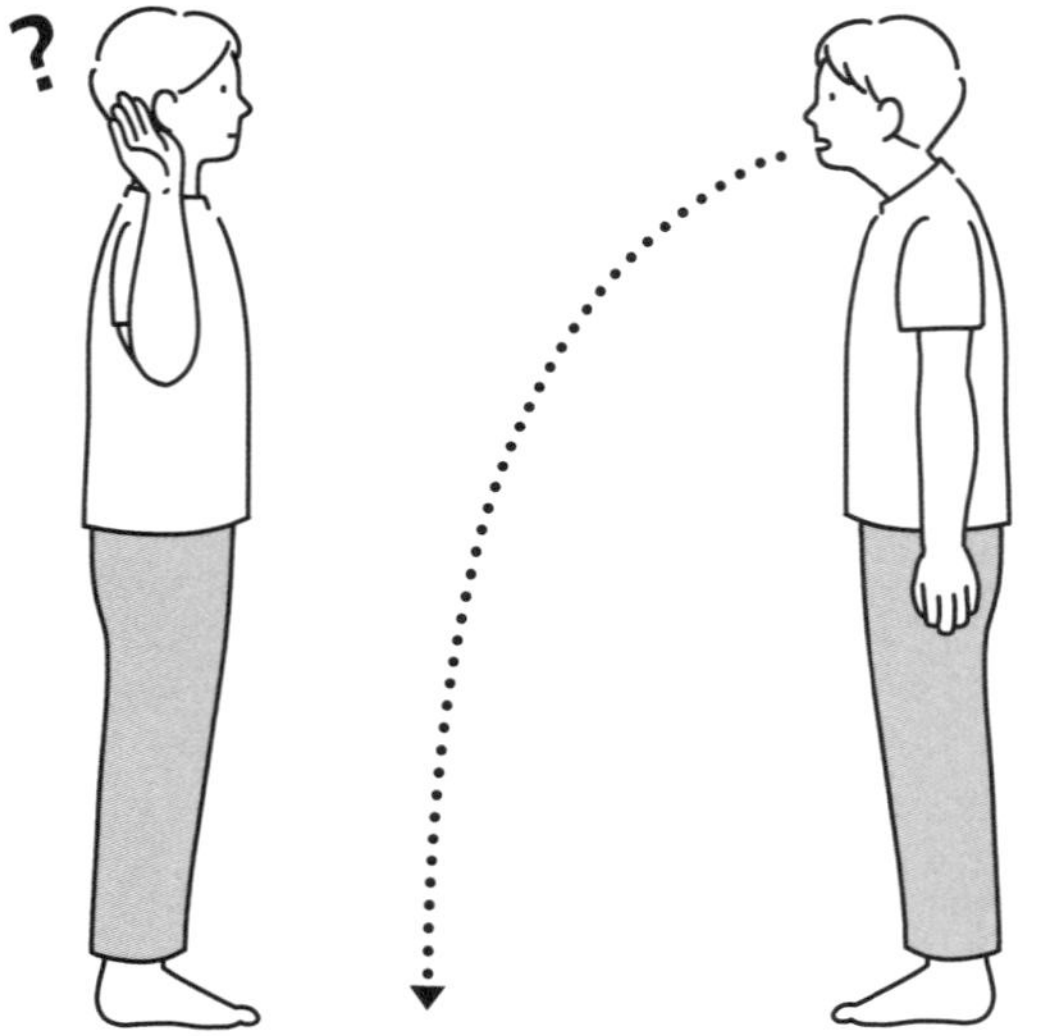

だから、相手のところまで誠意をもって届けなければいけません。紙に書かれた文章をただ目で追って黙読するのと、声に出して音読するのとでは、**声のほうが熱量や温度も含めて相手に届けられる**メリットがあります。

そして、**「声」＝エネルギーですから、ご祝儀やご飯と同じで、ちょっと多めだとうれしい**もの。ご祝儀は3万円だろうと思って開けたら、実は5万円入っていたらうれしいというのと同じです。

逆に、多すぎると不安になります。3万円かなと思って、2000万円入っていたら、ちょっと怖い。いやいや、いいよ、いらないよ、ってなりますよね。

声も同じで、たとえば大きすぎたり、がなり立てるような音だと、鬱陶《うっとう》しくなります。

では、ちょうどいい大きさの声になる目安は何でしょうか。

僕はいつも、「相手の1列後ろ」に届くつもりで話すこと、とお伝えしています。

たとえば、30列あるセミナーで話す場合は、31列目まで届くように話す。1列のみで後ろに席がない場合も、もう1列あると想像しながら声を投げかけてください。

一対一でも、一対大勢でも、とにかく話す相手の1列後ろまで届けようと思って話してください。相手の手前に声を落とすのではなくて、相手の体深くを通って、もうひとり分後ろに届くような、そんな声を意識してみてください。

特に注意が必要なのは、少人数の会議です。

1人対2人、2～3人対2～3人みたいな交渉や打ち合わせなど、かなり機会は多いと思います。すると、**少人数だと思って、つい気を抜いて小さい声になりがち**です。そういうときに、相手の1列後ろを目指して声を出してみてください。相手に強いエネルギーが伝わって、その場の主導権を取りやすくなるような効果もあります。

大勢の場合は、会場が大きくなれば、マイクを使うことも多いでしょう（マイクの使い方は178ページで詳述）。では、地声のみで何人ぐらいに届けられるのが理想でしょうか。

僕が思うに、**15～20人ぐらいの会議ではマイクなしでも届けられるぐらい、ラクに声が出せるのが理想**です。そうなるには、普段から声を出す訓練をしていないと、無理して出しているな、という音しか出せません。そのために、普段から声を出して筋肉を慣らす「エイジング」をする必要がある、というのは先ほどお伝えしたとおりです。

日本語は、明治以降に標準語が導入されてから、あまり大きな声を出さなくても発音できるようになったと思います。たとえば英語の「there」や「where」、イタリア語の「Buongiorno」など、欧米の言語はRやWなどのようにかなり発音が深い音がありますが、現代の日本語は口先だけで発音できてしまいます。

現代の日本語の発音の響くポイントは、割と口の前のほうにあります。逆に、西洋の言語は奥のほうにあるので、口腔全体が響きやすく、音が厚くなります。「私は昨日、渋谷に行ってきたんですけれども」という日本語を西洋人がしゃべると「ウワタシウァ　キノォウ　シィブヤニ　イッテキタァンデスケレドモォ」と発音がかなり奥になるのです。発音している深さがかなり違うので、日本人には聞きなれない、少し滑稽な抑揚に聞こえてしまうんですね。

もうひとつ例を挙げると、会社で目上の人に声をかけるときに「社長、ちょっとよろしいですか」なんて小さな軽い声で呼びかけるときがありますね。でもこれが、戦国時代だったらどうでしょう。「殿、ちょっとよろしいですか」なんて軽い声で呼びかけるわけにはいかなかっただろうと想像します。たとえ近くに殿がいようとも「殿！　申し上げます！」と声を張るはずです。町民だって、「よう、はっつぁんよぅ！」なんて、声をバーンと大きく出していたはずです。

しかも、**標準語は抑揚が少なく、かなり平坦なので、感情も伝わりにくい**のが特徴です。発音のポイントが深く、抑揚のある、歌舞伎や能を思い浮かべていただければ（もちろんあれは舞台用にデフォルメされてはいますが）、現代の日本語がいかに平坦かわかっていただけるのではないでしょうか。

だから、相手の1列向こうに届けられるような声、昔の日本人のような深い発音で日本語を話せるようになるには、普段から声を鍛える必要があります。第5章で紹介する「外郎売り」のトレーニングは、昔の言葉ですから練習にはもってこいです。これらを続けることで、大きくて気持ちのいい声を出せるようになるのです。

声は自分が目指す場所に届けられる

声の広がりについて少し触れておきましょう。

前項で、1列後ろに向けて声を出そうという話をしました。これは常に心がけてほしいことです。

それから、つい前かがみになってしまうとき、たとえば司会をするなど原稿を読みながら話さなければいけないときがありますね。そういうときは、無意識に前かがみになります。

それを防ぐためには、コンサートのアリーナ席みたいに360度お客さまがいると思って、特に自分の後ろ側にいるお客さまにも聞こえるように、と意識して話してください。体は前を向いたままでいいんです。**声だけは後ろにも届くように意識する。**これだけで、姿勢や声の響きが変わってくるものなんです。

声だけ後ろにも届けるよう意識する

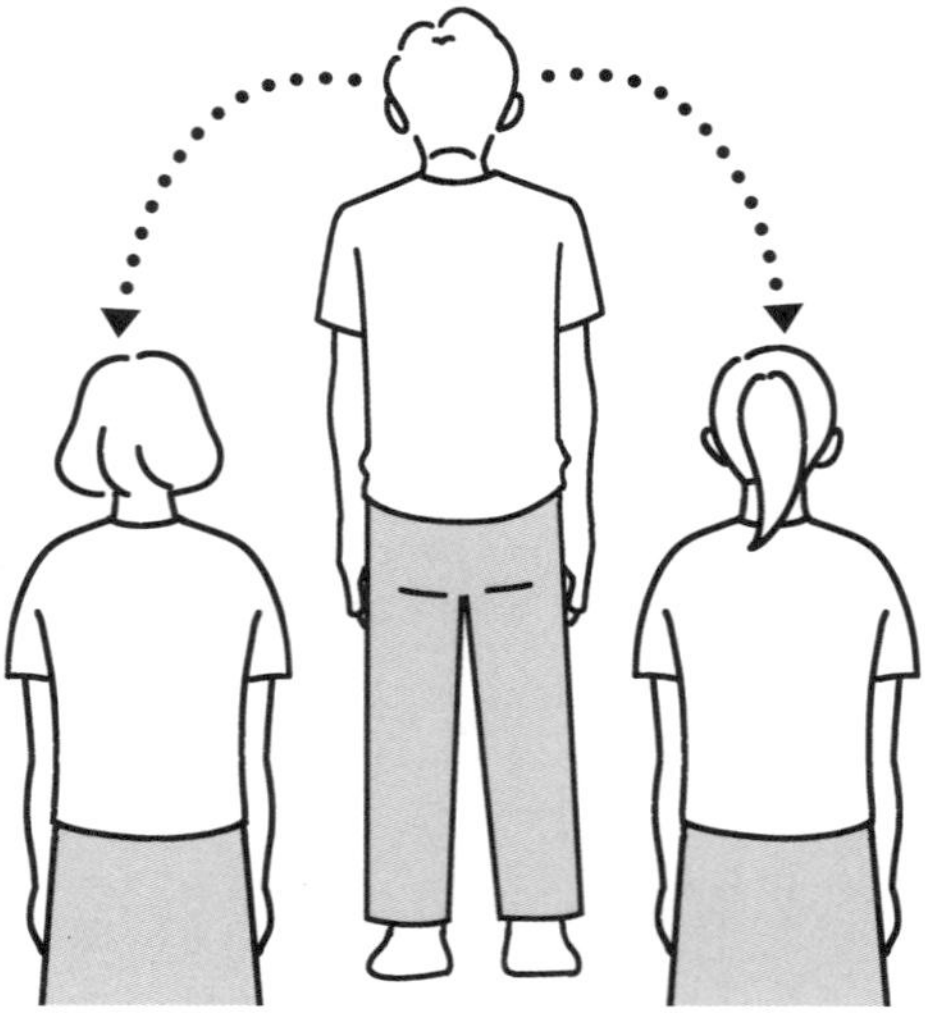

練習するときは、壁に向かって立ち、後ろに声が聞こえるように話してみるのもいいと思います。

そもそも人間の体を楽器としてとらえると、人間から音が出ていく出口は、口になります。しかし声自体を大きな音に響かせたり、個性的な響きにしてくれる口腔や胸腔などは、口の位置よりも後ろ側、つまり奥にありますよね。ですから、声を前に飛ばそうと前ばかり意識しても、自分の声を大きく響かせてくれる空洞は口より後ろにあるわけですから響かないわけです。**ボディーの響きを使おうと思ったら、口より奥を響かせる**ことが重要です。

しかし、奥を響かせることは、プロでもかなり難しい技術です。奥を響かせようと意識して、かえって声がこもってしまうこともあります。後ろに人がいると意識することによって、自然と体の奥、つまりボディーを十分に響かせることができます。

だから理想は、**日常生活でも、後ろからも人に見られていると意識して過ごす**ことです。そうすると、体の使い方も声の出方も自然に変わってきます。後ろから見られていると意識すると、自然と背中に意識がいきますね。体を立体的にとらえると、姿勢もとてもラクに取りやすくなります。

あと面白いところでは、ボイストレーニングに「**フォーカスをとる**」というテクニックがあります。

脳は無駄なことをしたくない性質がありますので、「どこに、何のために」声を出すのか、というターゲットがないと、じゃあ声を出さなくてもいいじゃないか、となってしまいます。ですので、自分の脳に、「あの場所にいる人に、声を届かせたい」と認識させると、そうするように体に司令を出してくれます。

声は意図した方向に向かって、飛んでいくのです。役者は舞台上で、このテクニックを使って、観客に背を向けてセリフを言っても観客席に届けることができます。

たとえば、年末の忘年会でガヤガヤと賑わっている居酒屋さんで、「すみませーん」「お願いしまーす」と店員さんに声をかけても、声が届かないことがあります。そういうとき、お客さん数十人を挟んで向こう側にいる店員さんにフォーカスをとって、ボールを遠くの相手に投げるときと同じような意識で、その店員さん目がけて呼びかけてみてください。確実に振り向いてもらえるようになるでしょう。

滑舌が悪い人は鼻呼吸を意識する

声の輪郭をはっきりさせるには、鼻の詰まりを抜く練習が効果的です。

ヨガで「火の呼吸」というのがあります。

口を閉じて、鼻から細く短い息を「フッフッフッフッフッフッ……」と吐き続けてください。同じように、口でも「フッフッフッフッフッフッ……」と30秒ずつぐらいやってみてください。

現代人は口呼吸になっている人が多いので、この鼻の詰まりを抜く練習を毎日やったり、話すとき以外は鼻呼吸をするように常に心がけてみてください（第5章参照）。

現代人は口呼吸が増えているといわれますが、もともとは鼻が「呼吸器」で、口は「消化器」ですから、**話さないときは口を閉じて鼻呼吸に**してください。

近年、口呼吸が増えてきた一因は、鼻呼吸を覚える前に離乳期を迎えるようになったことといわれているようですが、**口を閉じていないと口輪筋が育たないので滑舌に悪影響**もあります。

また、滑舌が悪い人は改善しようとして、口を大きく動かして話そうとしがちなのですが、これは誤りです。

呼吸がしっかりできていれば、そんなに大きく口を開かなくても滑舌はよくなります。特に、縦に口を開くのはよいですが、横に開くとベタッとした発音になり、子供っぽい、もしくは品がないと思われるような声や話し方になりがちです。

「アエイウエオアオ」は百害あって一利なし

演劇のクラブや劇団などの定番の発声練習で「ア・エ・イ・ウ・エ・オ・ア・オ……」といった単調に50音を繰り返す練習風景を見たことがある人も多いでしょう。このメソッドは今もかなり生き残っているようですが、僕はお勧めしていません。

なぜなら、この発声方法だと、声や筋肉をある一定の場所で緊張させ、不自然な声を作り出すからです。そのまま続けていると、**不自然なハリのある、いわゆる〝下手な舞台役者の声〟になってしまう**のです。

みなさんも、テレビや映画などで、周りの役者さんたちから浮いているような、調和を乱す俳優さんの声や演技を見たことがあると思います。普通に話す場面では必要以上に耳障りに響く一方、深刻な場面でささやいたときは芯がなく何を言っているのか聞こえない、というあれです。

本来は、その逆でないといけないはずです。理想をいえば、普通の声は周りの役者さんの演技と調和がとれて溶け込んでいるのに、ささやくような緊張したシーンでは音量を落とした声でも芯があってしっかり聞き取れて深く届く――そんな声ですよね。

目指す方向の間違った努力については、僕も音大時代に先生からよく「お前、**破滅に向かって努力してるぞ**」と言われていました。破滅に向かってしまうと、労力と時間を無駄にしたうえに変なクセがついていっそうマイナスになりますから、注意しましょう。

声にリズムが生まれる2つの方法

動画あり

リズム感よく話したい、という方は多いようです。

歌のリズム感が悪い、という悩みもよく聞きます。

ここでは、すごく簡単な練習方法で、素晴らしくリズム感がよくなる方法を2つお教えします。


ひとつは、「**叩く！**」。

道具は不要です。ただ膝やテーブルを手で叩いてください。

自宅で音楽を聞いているときも、カフェで音楽が流れていても、とにかく叩く！

ただそれだけです。

4拍子なら、トントントントンと4つ叩くだけでもいいですし、可能なら倍の8

つ叩いてもよいでしょう。

人間は常に向上したいと思う生き物ですから、それを続けているともっと楽しく叩きたいな、もっとかっこよく叩きたいな、と思って、ドラムやパーカッションの音を聞きながら叩き方を変えたりしてみるものです。

でも、難しく叩こうとする必要はありません。

音に合わせて叩くことが大切なので、そのとき簡単にラクにできる叩き方でいいのです。そのうち、やりたいと思ったらちょっと変化をつけるぐらいでOKです。

これを半年、1年と続けていると、かなり楽しく叩けるようになってきて、リズム感がすごくよくなっているはずです。

もうひとつは、**歩きながら話してみる**ことです。

誰しもリズム感がいい瞬間というのは、歩いているときです。

ランダムなリズムで歩くというのは、逆に難しいですよね。

たとえば、速く読みたいときは速いテンポで歩きながら読んで、歩くリズムにリードしてもらうのです。ゆっくり読みたいときは、ゆっくり歩きます。

もう少しシャキッとしたいときは、すっすっと颯爽と歩きながら読んでみてください。

自分の生み出したテンポに合わせながら読めるようになると、そのうち止まったままでも同じように読めるようになります。ぜひ試してみてください。

ゆっくり話そうとすると感情が消える

わかりやすく、はっきり話そうとするときに、「ゆっくり」話そうと思いがちではありませんか。

「ゆっくり」と思いすぎると、まったく別の聞こえ方になりますので、注意が必要です。**遅く話すことを心がけるあまり、平坦で個性のない話し方になりやすい**からです。

だから、意識すべきは、**「子供に話す」あるいは「この分野では、自分より知識が浅い人に話す」という思いやりをもつ**ことです。すると、自然とスピードが落ちて、個性や感情も消えません。

たとえば迷子を見つけたとき、「ねえねえ、どこから来たの？　大丈夫？　お母さんはいなくなっちゃったの？　いつまで一緒にいたのかな」などと、思いやりをもって話しかけますね。

ビジネスの場合でも、一例として社長に財務担当役員が業績の説明にいく場面を思い浮かべてください。相手は社長であっても財務を熟知しているのは財務担当役員のほうですから、知識の高いほう（役員）から低いほう（社長）へ話すわけですよね。早口でまくしたてると、単語の意味や状況を把握できないため、話の内容が頭に入らなくなります。ですから、そういうときはただゆっくりではなく、自分より知識が浅い人に話すのだ、と心がけるようにしてください。

逆に、**知識が同等レベルの相手とであれば、かなり速いテンポで話しても大丈夫**なはずです。たとえば、同じプロジェクトに関わるメンバー同士や、趣味を同じくする友人同士などであれば、そこは問題になりません。ゆっくりだと、むしろまどろこしく思われるときもあるでしょう。

話すテーマと相手によって、どういう話し方をするのか変えられるようになれば、あなたも声使いの上級者の仲間入りです。

口を横に開くと響かない⁉

口は横に開かない

口の両端を人さし指と親指で押さえて、
声を出してみよう

ゆっくり、はっきり話そうとするとき、もうひとつ気になるのは「口を横に開いている人」です。

試しに、口を思いきり横に開いて、「アイウエオ」と言ってみてください。

かなり、**平べったい、喉が締まった音**になりませんか。口を横に開くことの弊害は、この点です。

それを防ぐ方法があるので、お

伝えしておきます。これは第1章で紹介した、音程が安定し高音が出やすくなるトレーニングと共通です。

まず、唇の力を抜いて、口を閉じます。軽くです。

そして、閉じた口の両端をそれ以上横に開かないよう、指で押さえてみてください。

そのまま「アイウエオ」と発音してみてください。

縦に口を開くのはOKです。横に開かないよう指で押さえて、あとは自由に口を動かして声を出してみてください。

この練習で、口の開き方の正しいクセをつけてあげると、普通に話したときも横に開くクセが直って響きがよくなります。

特に注意が必要なのは、「イ」や「エ」です。どちらも横に開いたほうが発声しやすいのですが、この練習によって横に開くクセが直ります。

特に、声量や響きが小さい、歌ったときに高音域が出づらいという人で、自分の口が気づくと横に開き気味だなと思う場合は、ぜひトライしてみてほしい練習です。

頭と胸を使うことで高音と低音の幅が広がる

声の高低の一番の決め手は、構造でいえばボディーの大きさです。たとえば、バイオリンは高くて、コントラバスは低い。ソプラノサックスは高くて、バリトンサックスは低いでしょう。

人間の場合は、前述のとおり、胸と頭部の2つの空洞をもっています。この空洞のどちらを中心に響かせるかによっても、声の高さが調節されます。

大きい空洞である**胸のほうを響かせれば、声は低く**響きます。声を下にもっていくような感覚だと語尾が出なくなったりしますから、力を抜いてリラックスしてあげると、体の中の空洞が広がって、結果として声が低く出ます。

一方、小さい空洞である**頭部を中心に響かせると声は高く**なります。だから、高い音を出したいときは、自分の声をしっかり上に抜く気持ちで声を出しましょう。高い声はテンションが高くないと出ませんから、軽く体を動かしたり自分の感情を高めてあげると出やすくなります。

この声の高低をより自在に出せるようになりたいという人は、第5章で紹介する「外郎売り」のトレーニングをするとき、しっかり抑揚をつけて、高い声と低い声に分けて読んでみてください。今までの自分よりもいっそう高い音、いっそう低い音が訓練することによって出やすくなります。

毎日の歯磨きで口内の感覚が目覚める

みなさん、何気なく毎日の歯磨きをされていませんか。

実は歯磨きのときに、〝ある場所〟を一緒に磨くだけで、発声の感覚が格段に増すので、ぜひ試してほしいです。


どこだと思いますか？

それは、**口蓋**（**上あご**）と**歯茎**、**舌**です。


多くの方が、歯磨きでは「歯」を磨いていると思います。一部の方は、「舌」もブラッシングされているかもしれません。

でも、口蓋と歯茎はいかがですか。

口の中もマッサージで敏感に！

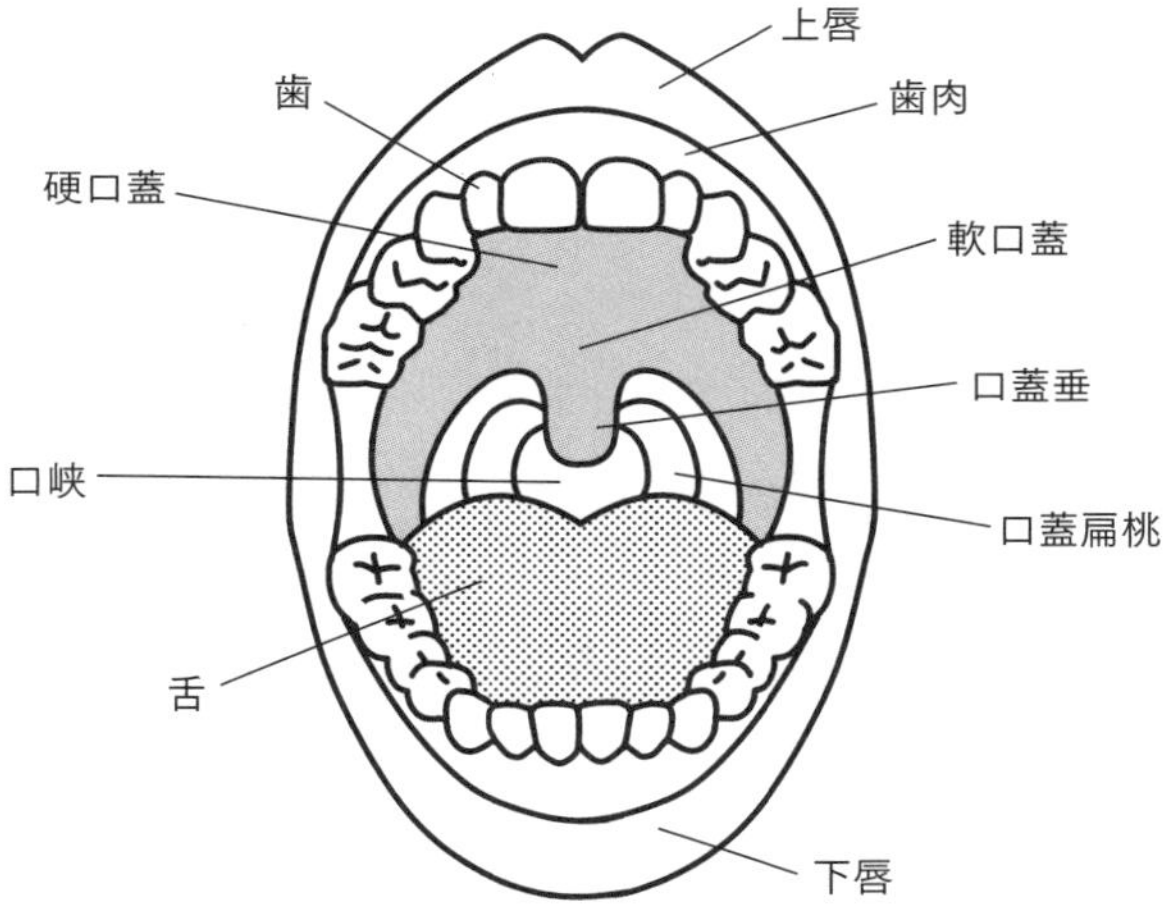

発声するときに、喉のほか、胸と頭部の空洞を響かせることについては触れましたが、実は**口の中の感覚を高めていくことも非常に重要**です。ただし、口の中というのは、体の外側の器官と違って、感覚を高めるといっても難しいですよね。

発声法では「軟口蓋《なんこうがい》を上げて」とか「舌根《ぜっこん》を下げて」といった専門用語を聞く人もいると思いますので、簡単に説明しておきましょう。

口蓋は軟口蓋と硬口蓋《こうこうがい》の2つに分けて扱われることが多いのです。

ご自分の上あごを、舌で触れてみてください。するとと、歯に近いほうは骨がありますので、硬い感触があるはずです。でも、ずっと奥の喉のほうに近づくと、突然ブニョッと軟らかい場所があるはずです。そこが軟口蓋です。

この**軟口蓋と舌は普段意識しづらいところなので、歯磨きのついでにブラッシングする**クセをつけていただきたいのです。

ただ、軟口蓋も舌もデリケートで傷つきやすいので、ブラッシングというより軽くトントンと叩く程度にやってみましょう。

ブラッシングされることで刺激されて、**周辺の感覚が敏感になり、コントロールしやすくなる**のです。舌根や軟口蓋を動かそうとしたときに、ラクに意識したり動かしやすくなって、発声をコントロールしやすくなります。

右利きの人は、普段あまり使わない左手をコントロールしづらいですよね。それと同じで、日常的に使っていない器官はよりコントロールしづらいので、歯磨きついでに発声のトレーニングをしてしまおう！　というわけです。

このことは医学的にも証明されていて、飲み物を飲み込むときに気道に入ってむせやすい人に口蓋のブラッシングを勧めたところ、素晴らしい改善が見られたそうです。しかも、飲み物が気道に入りづらくなっただけでなく、細菌が肺に入り込むのを阻止し、風邪や結核の予防にもつながることがわかったといいます。

風邪や体調不良は発声の大敵ですから、このブラッシングひとつを加えることで、その予防まで兼ねてくれる素晴らしい歯磨き法です！

話す前はアップで気分を高める

スポーツ選手は、競技に入る前に準備運動、いわゆるアップをしますよね。ピッチャーならブルペンで何球か投げてから試合に出ていくし、サッカー選手は出番の前にジョギングや柔軟体操をしたりして準備をします。

同じように、声を出す前にも、事前の準備運動と気持ちを高めるアップが必要です。

声は筋肉を動かして出すので、スポーツと同じなのです。たとえば大事なプレゼンのとき、緊張した状態でそのまま本番を迎えると、筋肉も動きませんし、相手に気分で圧倒されたりして、思ったように声が出ません。

僕はアナウンサーの指導をするために、報道番組の現場などにも立ち会うことがあります。なかには、本番前に原稿を練習で読む下読みという作業でぼそぼそとつぶやくように声を出し、そのまま本番のスタジオに出ていく新人アナウンサーさんもいます。これだと、明らかに準備運動も緊張のコントロールもできません。ですので、「アップをしないと、本番のときに声が出なくなってしまいますよ」と伝えました。

コンサート前のアーティストも、入念にリハーサルをしたうえ、開演の直前にはメンバーが円陣を組んで「オーッ！」とかけ声をかけるなどして気合いを入れていますよね。極端にいえば、話す前もあれと同じような準備が必要です。

というのも、この本でも何度かお伝えしてきていますが、人に何かを伝えるというのは、すごくエネルギーのいることです。そこへ素のまま出ていくと、相手のエネルギーに圧倒されたり、変に緊張してしまいます。

エネルギーは高いほうから低いほうへ流れるので（次ページの図）、観客が何万人もいるコンサートホールでみんなを感動させようと思えば、自分のエネルギーを相当高めてから出ていかないと、お客さまのエネルギーに圧倒されてしまいます。一般の方の場合、そこまで大きなエネルギーはいらないまでも、やはり相手を納得さ

エネルギーは高いほうから低いほうへ流れる

せたりその気にさせるにはそれなりに高いエネルギーが必要です。

そして、本番はドキドキするという人がいますが、実際のところスポーツであれビジネスの大事なプレゼンであれ、**心拍は少し上げていくぐらいでちょうどいい**のです。

シアトル・マリナーズにいた長谷川滋利投手は、いつもハートレートモニターを使って、試合前に心拍をチェックし、低すぎたら上げて高すぎたら下げるようにしていたといいます。

スポーツでガチンコ勝負をしようと

いうときや、人前で話すときには、通常より心拍が高いくらいでちょうどいいのです。でも高すぎたら、コントロールを失ってしまう。そのちょうどいいバランスを自分で知ることができたら、しめたものです。

コラム

風邪をひいたとき、声の状態をよくするには？

どんなに体調管理をしていても、ときどき風邪をひいたり、体調がすぐれないときがあるものです。プロの歌い手であれば、風邪をひかないことよりも、むしろひいたときでも、パフォーマンスができることと早く治すことが大切です。風邪をひいたぐらいでは、相当な大物であっても、ライブやレコーディングをキャンセルするのは難しいからです。そこで、プロにも勧めるリカバリー法をお伝えしましょう。

まずは、体から悪いものを排泄するために、十分に**水分**をとってください。常温の水がベストです。

それから、**湿度**も大切です。喉の潤いを保つために大切なことはいうまでもありませんが、ウィルスを繁殖させないためにも重要です。そのためには、マスクが有効です。僕は風邪をひいたときなどは、マスクをつけたまま寝ます。寝ている間は口を開けたままになったりするからです。

ちなみに、僕の師匠は、本番前になると、寝るときにガムテープを口に貼って寝ると言っていました。乾燥は確実に防げそうですが、口まわりがかぶれたりしないのでしょうか(笑)。

それから、風邪のときは体が硬くなって、循環が滞り、白血球やリンパの活動が抑えられて、治りづらくなります。ですから、**ストレッチ**などをして体を柔らかくしてあげてください。

さらに、とっておきの方法があります。

お風呂場に入って、シャワーヘッドを高いほうにかけて、そこからなるべく熱いお湯を床に叩きつけるようにします。すると、お風呂場が**湯気**で満たされます。その中に椅子でも持ち込んで、5~10分ゆったりと呼吸をしてみてください。**鼻からも口からも、吸って吐いて**してくださいね。

これは、強烈に効きます。

風邪のときだけでなく、喉の調子が悪いときや、出張などでホテルに泊まって乾燥が気になるときなどは、素晴らしく効果があります。

この方法のほうが、家庭用の吸入器を使うよりはるかに手軽ですし、使用後の手入れもいりません。そして、とても高い効き目がありますので、ぜひ調子がすぐれないときや体調管理に取り入れてみてください。

あとは、**体を冷やさない**ように、生姜や大根、かぶなど、体を温める食べ物をとるという基本的なことも大切ですね。

みなさんもいろいろ試してみて、自分なりの調整法、対処法を作っていってください。

ここからは余談ですが、**風邪をあまり悪者にしない**ことです。

東洋医学でも、風邪は体を調整するためにひく、といわれます。体内にたまった毒素を排泄するための現象でもあります。あまり神経質になりすぎると体が過敏になりますから、おおらかでいることも大切なことです。

第4章

印象が上がる話し方とは?

人を動かす5つのプロセス

さて、ここまで「声」になぜ大きな力があるのか、そして、魅力的な声を出すには姿勢と呼吸に気を付けることをお伝えしてきました。

この章では、その声を使って実際に人と話すときに、印象がよくなったり自分の意向を聞いてもらいやすくなる話し方のポイントをお伝えします。

一対一であっても、対大勢であっても、「人前で話すこと」の基本はどのような点にあると思いますか？

僕が思うところ、「**みずからの表現によって、相手や状況を望む方向に導くこと**」です。

「望む方向」というのは、つまり「目的」とも言い換えられますね。

たとえば、何かしら実現したいことがあります。仕事関係でも、いろいろあるでしょう。

「1億円の資金調達をしたい」
「この商品を売りたい」
「社員にモチベーション高く働いてもらいたい」
「ルーティンの仕事を今週だけ替わってもらいたい」等

その目標を実現するために何らかのアクションをとるわけですが、いつの間にかこの「目的」を見失ってしまう人もよく見られます。

ひとつには、**手段が目的とすり替わってしまう**場合です。きれいなパワーポイントの資料を作ったり、社長にどうやってうまく話すかに一生懸命になりすぎてしまっていませんか？

1億円調達したいというときに、いくらきれいな資料でよどみなくプレゼンして

「素晴らしいですね。感動しました」と褒められたとしても、1円も調達できなかったら、失敗ですよね。

逆におおげさな例ですが、おやつをボリボリ食べながらYouTubeでも見ている間に、何の苦労もなくなぜか1億円集まっていたなんていうことがあったら、話をする必要もプレゼンする必要もないわけですよね。

まあでも残念ながら、もちろんそんなことは起きませんから、目的を達成するために表現して「相手を動かそう」とするわけです。そうすると表現とは、目的を達成するために仕方なくしていることとも言えますね。

ところが、いつの間にか話をすることやプレゼンが目的になってしまう方を多く見受けます。**「目的を達成するために、仕方なく話をするんだ」ぐらいに思っていたほうが、嫌な緊張も減りますし、ゴールがはっきりとして、目標を達成しやすくなる**ものです。

もうひとつは、相手の「行動」を引き出そうとハードルを上げてしまっている場合です。たとえば住宅の営業マンが、「今日こそ、あのご夫婦にマンションの購入を決めてもらおう」と思うと、そのハードルはかなり高いでしょう。でも、「あのご夫婦がこのマンションに住みたい気持ちになってもらう」ことを目標にしてみたらどうでしょう？

私たちは、**話し手として「素人」であることを忘れてはいけません。**

たとえば経理の人が社長にプレゼンする、お医者さんが学会でプレゼンするなど、人前で話す機会はいろいろありますが、みんな話すことについては「素人」です。話し手のプロというのは、つまり噺家《はなしか》さんやアナウンサー、芸人さんなど、話すことを生業とし、上手に話すためにものすごい努力をしている人です。

当然ほとんどの方は「話す素人」であり、そのような訓練を長時間かけて努力して続けてきた、という方はまずいらっしゃらないと思います。

その状態で「うまく話そう」とか「感動をさせよう」という目標自体が高すぎるのであり、必要のないプレッシャーを自分自身にかけてしまうのです。

僕は講演やセミナーなど人前で話す機会を多くいただいていますから、自然と話がうまくなっているようです。しかし、それでも僕はうまく話そうという意識はもたないようにしています。ひとつには、噺家さんやアナウンサーのように話すことを生業として生きているわけではないからです。

そして、もうひとつは、僕の講演に来てくださる方は僕に対して、笑わせてほしい、泣かせてほしい、立てなくなるほど感動させてほしい、といった期待をもって来ているわけではないからです。お客さまは僕にそんなハードルをはなからかけていないのです。お客さまは声や表現方法、プレゼンテーションが上手になりたくて、来てくださっているわけです。

僕がいくら上手に話しても、「あいつ、話はうまいけど、上から目線で鼻につくやつだな」と思われたら何の意味もありません。話が多少ぎこちなくても、とても人柄が温かくて相手の役に立ちたいと心から思っているのが伝わって、またあの人の話を聞きたいよね！　と言われたら成功ですよね。

「うまく話そう」などと力みすぎず、**「相手の役に立とう、相手の感情を動かすことがあくまでゴールなんだ」と思ったら、ピュアな気持ちで話せてラクになる**と思います。

あくまで感情に訴えかけるということを含めて、相手を動かしたいと思うときは、次の5つのプロセスを意識するとよいでしょう。

❶（対象者にしてほしい）**行動のゴール**を決める
❷**対象者**を明らかにする
❸（対象者になってほしい）**感情のゴール**を設定する
❹**適切な表現**で、（対象者を）感情のゴールに連れていく
❺**対象者みずからが行動**する

まず、対象者に望む行動のゴールを設定します。隣の人に当番を代わってほしいのか、社長に予算をつけてほしいのか、お客さまに商品を買ってほしいのか？

そして対象者について、その特徴をきちんと把握します。たとえば、お客さまといっても60代の男性と20代の女性では、後で設定する「感情のゴール」がまったく違ってきます。

さらに、その対象者が**どんな感情になったら、先ほど設定した望む行動をとってくれるのか**と考えて「感情のゴール」を決めます。たとえば、女性のお客さまに

口紅の新製品を買ってほしい場合、季節や流行に合った新色が欲しい！　と思ってもらえばいいのか、潤いもきれいな発色もかなえられるかも！　と思ってもらえばいいのか、いろいろな可能性があります。

続いて、対象者になってほしい「感情のゴール」に導くために、適切な表現をして相手に訴えます。先ほどの口紅の新製品でいえば、新色をアピールするのか、潤いも発色も両立できる新機能を訴えるのか、そして、それを誰がどんな感情で、どう表現して見せるのかが大切になります。

すると、最後のプロセス5では対象者の感情が動き、みずから行動してくれるのです。

ここで、今の5つのプロセスを日常生活の中で考えてみましょう。

たとえば、バーで残念なサービスを受けたとします。クレームを言わなければなりません。ただクレームを言うのも精神衛生上よくないですから、ここでお詫びに追加サービスを受けられないかというゲームとしてやってみましょうか。

実際に、僕はそんなふうに日常の場を使ってゲーム感覚で普段から楽しんで表現力を鍛えています。

あるとき、かなり高級な、テーブルチャージが３０００円ほどかかるホテルのバーに行きました。そのとき、少し奥まったソファ席に案内されました。店員さんが気を利かせて奥まった落ち着いたスペースに案内してくださったのだと思うのですが、店員さんから見えづらい分、なかなかオーダーを取りに来てくれませんでした。

ですので、席を立ってみずから店員さんに声をかけに行きました。１度目は仕方ないかと思ったのですが、２度目のオーダーのときも気づいてくれず、もう一度席を立って声をかけに行きました。チャージのない安いバーならまだ仕方ないですが、３０００円もチャージを取るような高級なバーでこのサービスはいただけません。

さあ、ここからゲーム・スタートです。お店側も僕も後味が悪い嫌な感じにならずに、しかもお詫びの印にお店から１杯サービスしてもらうために、店員さんにクレームを伝えたいと思います。

さあ、先ほどのプロセス５を思い出して、今回の目標を設定してみましょう。

❶行動のゴール：お店側に1杯サービスしてもらうこと
❷対象者：店員さん
❸感情のゴール：店員さんが「申し訳なかったな」と心から思ってくれて、お詫びの気持ちとして何かしたい、と思ってくれること

こういうとき、こちらがムッとして威圧的な気持ちで声を発すると、そのまま嫌な感じが声に乗ってしまいます。そうすると、相手が萎縮して思った言葉を言えなかったり、行動できなかったり、相手が変にプライドの高い人の場合は逆にムッとされてしまうことがあります。

そこで僕は、あくまでニュートラルな気持ちになって、むしろポジティブな気持ちで再度呼びかけ、店員さんが叱られていると感じないソフトな音色でゆっくり話し始めました。お店のグレードにふさわしい、落ち着いた口調も必須です。お店にふさわしくないお客だと思われると、特に高級店であるほど、お店の雰囲気を乱すのでほかのお客さまのためにも二度と来ていただきたくない、というふうに、相手の感情が設定目標とは違う方向へ動いてしまうからです。

「さっきから何度かお呼びしているのですが、まったく気づいていただけないんですよ」

＊まず声をかける

「気づいていただけないから、僕が席を立って、店員の方を呼びに行ったんですよ。1度なら僕もしかたないかなぁと思うんですけど、それが2度もあったんです」

＊決して相手を責めずに、事実だけを感情的にならずに伝えます。感情的になったり、相手の逃げ場を潰してしまうと、本当は謝りたくても素直に謝れなかったりしてしまうものです。この時点で、店員さんはかなり恐縮し、平謝りでした。

「折角素敵なホテルに来て、きちんとした料金をお支払いして楽しもうと思っているのに、こういうサービスだと、とてもがっかりしてしまいます」

＊「がっかりしてしまいます」が、相手の感情を動かすための戦略です。お客さまを失望させてしまった、悲しませてしまったという感情が生まれます。

このとき、「ひどいですよね」「いい加減にしてください」と**相手を責めないのが最大のポイント**です。状況はまったく異なりますが、小学生時分、親を裏切るような悪いことをしたときに、母に「なんでそんなことをしたの？」と責められるより「こういうことをあなたにされて私がっかりしたわ」と言われたほうがきつかった思い出があります。このように、人は今までの人生でいろいろな場面がありますから、自分に起きた場面や感情をさかのぼってみるのも、とても参考になります。

そして最後に、確実にこのゲームをクリアするため（笑）、次のようにダメ押しをしておきました。

「こんな高級で素敵な雰囲気のバーで、お料理もおいしいのに、そんなサービスをされたら、お店の看板に傷がついてしまいますよ！（笑顔でユーモラスに！）」

そして、1杯2500円のワインを追加オーダーしたところ、倍量ついでくれたうえに、「こちらはホテルからのお詫びです。申し訳ございませんでした」というお詫びの言葉をもらいました。

僕はあくまでサービスしてもらうゲームに臨んでいたつもりでいたので、ただ単に売上を下げることになったらお店にも悪いと思い、その後にもう1杯追加オーダーをしました。しかし、なんとこの3杯目も店員さんからあらためてお詫びの言葉とともに無料で提供してもらい「これに気を悪くされず、またいらしてください」とまで言っていただきました。たった数分のクレームを伝えたことで、ワイン3杯7500円分をサービスしてくださったのです。

このように、**練習の場は日常にあふれています**。クレームを伝えたくなるような状況はそう多くないでしょうから、たとえば、行きつけにしたいバーや定食屋さんなどで「常連と認めてもらう」という目標でもいいでしょう。

もし失敗したとしても自分も相手も失うものはありませんから、自分の言いたいことを、相手が気持ちを動かされるような表現で十分に伝えられるか、練習するのにもってこいです。それが自在にできるようになれば、いろいろなことが思ったように進みやすくなり、ビジネスもプライベートもポジティブな楽しいサイクルで回りだします。

話すときは、「行動」と「感情」のゴールを決める

話すときには、（相手に求める）行動のゴールと感情のゴールが必要だとお伝えしました。ここで、なぜこれら2つのゴールが必要なのかということと、ゴールの設定方法をお伝えしたいと思います。

まず行動のゴールですが、話をするからには、雑談でない限り「相手にこうしてほしい」という行動のゴールがあります。

特にビジネスの現場では、そうだと思います。行動要請です。

商品を買ってほしい、自社に投資してほしい、社員にもっとモチベーションを高くもって働いてほしい、といった相手にしてほしい行動のゴールがあります。自分が何を起こしたいのかの意識をしっかりもつことで、目標の達成率が変わります。

僕の一般の方向けのプレゼンレッスンでは、「1分間スピーチ」の練習があります。スピーチをするときには必ず行動のゴールを設定していただくのですが、行動のゴールはなんですか？　と聞くと、たまに「ここにいる全員を大感動させることです」という方がいます。

でも、考えてみてください。話す素人の方が1分話しただけで聴衆を大感動までさせるなんて、まず不可能です。

重要なのは、**自分でも実現できそうな、達成可能なゴールを設定する**ことです。

たとえば、1分スピーチで「あの人、なんか面白そうだな。話しかけてみようかな」と聞き手に思ってもらえる、という目標であれば、なんとなく達成できそうじゃないですか？　ちょうどいいぐらいのハードルでないと、変な力みや嫌な緊張を生んでしまいますし、高すぎる行動要請は、相手の心を閉ざさせてしまいます。

効果的で絶妙な行動のゴールを設定できるようになるには、練習を通じて場数を踏むことです。

たとえば、ビジネスのパーティーに参加したとします。参加者の中に、見たところ自分より格上だろうけど、ちょっとお近づきになりたいなと思った方がいるとします。

そのとき、あなたはどんな行動のゴールを設定しますか。

どのような行動設定なら相手の方と仲よくなれるでしょうか。

いきなり「大親友」や「ビジネスパートナー」になってもらうのは難しいかもしれません。

ちょっとあの人と立ち話してみようかな、今度一緒にお茶でもしようかな、と思わせるぐらいだったら、実現できそうですね。仮に失敗しても、その人が友達になってくれないだけですから、あなたも何かを失うわけではありません。気楽に考えて、積極的にトライ&エラーをしていくのが上達のコツです。

もうひとつは「感情」のゴールです。

自分が望んでいる行動を対象者がすぐやってくれれば手っ取り早いのですが、**人は、感情が動かないと一足飛びには行動しません。**たとえば、お腹が空けば「何か食べようかな」と思うし、素敵なレストランを通りがかったら「行ってみたいな」と思います。でも、ランチを食べて満腹のときに「夕食は何を食べたい？」と聞かれても、あまり思い浮かばないですよね。

だから、対象者がどんな感情になったらその行動を起こすのかを想像して、感情のゴールを設定するのです。「行動」ではなく「感情」を促すだけであれば、少しハードルが下がりませんか。

営業やマーケティングでも、「この商品を買ってもらう」というゴールを設定しがちなのでハードルが高くなります。買うという行動に導くのではなく、買いたくなるという感情に導くのであれば、ハードルは下がります。「うわあ、なんか楽しそう！　やってみたい」「こんなところあったの？　素敵!!」と感じてもらう、というゴールなら、実現できそうな気がするのではないでしょうか。

あるいは就職活動中の学生さんに対して、「今日こそ、うちの会社への入社を決めてもらう」というゴールだとハードルはかなり高く、気合いが空回りしかねません。まずはそのきっかけとして、「なんかこの先輩と一緒に仕事すると楽しそうだし、自分も向上しそう、と思ってもらえればいい」としたら、どうですか。できそうな気になりませんか。人間は、感情が動けば行動するものです。その行動が生まれるような感情を設定することが、成功のコツです。

このほか、相手に行動を促すときに、よくないやり方として「強要する」というやり方もあります。

たとえば「やれよ」「やらないと帰さないぞ」と脅したとします。

一見、行動を直接（無理やり）導いているように思えます。しかし、これは相手の行動を直接導けているのでしょうか？ 実はこの強要でさえ、行動を直接導けたわけではなく、そう脅されたことで、「え、どうしよう！ 怖い。何かされるかもしれない」と相手の感情が動くから、結果として行動につながるわけです。

人は結局、なんらかの感情が動かないと行動をしないものです。どうせ相手の感情を動かして行動してもらわなければならないのなら、相手を気持ちいい感情に導いて行動につなげさせたいものですね！

相手の感情を間違って動かしたとき

感情のゴールを設定し、相手にもはたらきかけたのに、自分が望むような行動を相手がとってくれない、というときもあるでしょう。

何が原因でしょうか。

おそらく、**相手の感情を動かす方向性が間違っているか、そうでなければ感情の動かし方が小さかったか**でしょう。すると、自分が思い描いていた結果とはまったく違った結末を迎えることもあります。

たとえば、感情の動かし方が間違っている例を紹介しましょう。

僕が、イタリア旅行専門の代理店だとします。お客さまにイタリア旅行を売ろうと思って、現地でおいしいピザやサラミ、ビステッカなど食べ物の話ばかりを、しかもお客さまがとってもお腹の空いている時間にしたとしましょう。すると、お客さまはみな「うわあ、おいしそう」「お腹が空いた」と、イタリア旅行ではなく、イタリアンレストランに行ってしまいます。つまり、**感情の動かし方を間違えると、相手は違う方向に動いてしまう**のです。

ビジネス上でも同じことが起こります。

たとえば社長が社員に対してもっと自己研鑽に励んでほしいと思ったとします。それを伝えるために、「不確実な時代で、どんな会社でもいつまで存続するかわからない。みなそれぞれスキルを上げてどこでも生きていけるようにしないと危ないよ」なんて言ったらどうですか。社員は「そうか、じゃあしっかりスキルを身につけて、どこでも生きていけるようにしよう。こんな会社に頼っていてはダメだ」と離職率が上がるかもしれません。

そんな馬鹿な！　と思いますか。

でも、日常でこうしたボタンのかけ違いは頻繁に起こりえます。

会社のリクルーティングの場面で、新卒の学生さんをたくさん採用したいとします。就職説明会に来た学生さんに、どんなふうにプレゼンテーションをしたらいいでしょう。実際、僕はスピーチライティングなども含め、スピーチやプレゼンテーションのコンサルティングを行っているので、そういう依頼を受けて例年の3倍の応募がきたことがあります。

いったい、何をやったと思いますか？

聞けば、その会社は例年「わが社には○○年にわたる歴史があり、△×年連続で成長しております……」といった単なる「説明」をしていたとか。

でも、そんなことは聞き手である学生にとっては二の次で、その会社に入ったら自分の未来がどうなるか、を知りたいはずですよね。

ましてや、その会社が第一希望という人ばかりがやってくるわけではありません。よっぽどの会社でない限りは、「とりあえず説明会に来てみた」という子たちが多く集まってきたりもします。もしそのような場合、厳しいようですが、関心のない人に説明をしても聞いてもらえないという現実からスタートすることが大切です。

ですから、「あっ、この会社に入ったら楽しく仕事できそうだな」「自分がこんなふうに成長できそうだな」とか「こんな仕事していたら周りにかっこいいって思ってもらえそうだな」「こんな未来が待ってそうだな」と学生さんの感情を大きく動かしてあげなければなりません。そんなことを目標に、話す内容や話し方をつくっていけば、こちらが望む行動を、学生さんがみずから起こしてくれるのです。

適切な感情のゴールを設定するために大切なのは、行動のゴールと同じで、**とにかく場数を踏む**ことです。

行動へつながらない失敗例に、感情の揺り動かし方が小さすぎる、という場合もいろいろあります。

たとえば、すごく酔っ払って歯磨きせずに寝てしまう、なんていう経験はお酒を飲む方だとあるんじゃないかと思います。なぜ寝てしまうかというと、「歯を磨かないといけないけど、まあ1日ぐらい大丈夫だろう」という程度にしか必要性を感じていないからです。もし今、歯を磨かなかったら翌日には全部歯が溶けてしまうとしたら、絶対に磨くはずです。

そのぐらい大きく感情を揺さぶらないと、相手は行動に移りません。

現代こそ感情を動かす技術が生きる

アーティストならともかく、ビジネス上で、そんなに大きく相手の感情を動かさなければならない局面があるだろうか、と思われるかもしれません。

ですが、日々そういう場面は絶対にゴロゴロと転がっているはずです。

理屈をいくら理路整然と説明できても、その結果、相手が「その気」になってくれなければ、物事は動いていきません。**「正しいか否か」よりも「感情に訴えかける」ことのほうが効果に結びつく**場面はかなり多いはずです。

たとえば、ある会社で「廊下は静かに歩いてください」と総務が何度言っても守られないとします。「最近、廊下での話し声が非常にうるさいので、みなさん静かに歩いてください」と張り紙するぐらいでは、誰も改善しないでしょう。

それは、お願いしているように見えて、ただ説明しているにすぎないからです。説明するだけで行動してくれるのは、そのテーマにすごく関心がある人か、もともと意識が高い人だけです。

相手がそれはさすがにまずいな、と思うぐらい切実な理由が必要です。仮に、外部のお客さまを含めてたくさんの人が迷惑をこうむっているとか、会社の損失につながっている、ということがわかれば、気持ちを動かしてくれるかもしれません。「先日、大きな交渉の場で廊下の騒ぎにさえぎられて険悪になった」「廊下脇の部屋で入力作業をする人が集中できなくて困っている」といわれたら、普通の社会人なら考えるはずです。

しかも、**現代は特に感情を揺さぶることの効果が大きい**時代です。

感情が動いてみずから動いた場合、本人はまず忘れません。

だから、要請される行動が「商品の購入」だった場合などは、リピーターにもなりやすいはずです。いくらよい商品でも、忘れられてしまっては再購入できません。

これだけ商品とサービスが多い世の中で記憶に留めてもらうことは大切です。

そして、感情が動かされると、誰かにその感動を伝えたくなります。

楽しかったこと、怒ったこと、面白かったこと、人は大きく感情が動くと誰かに言いたくてたまらないのです。

たとえば僕の講座を受けて感情が動いたという方は、家に帰ってから奥さんに「今日の講座さ、すげえ髪の長いミュージシャンみたいなのが出てきてびっくりしたんだけど、意外や意外、すごく面白かったんだよ！」なんて話したくなるわけです。

そう、一昔前なら、こんな感じで伝わるのはせいぜい周囲にいる数人に限られていました。ところが最近は感情が大きく動くと、最初に伝えるのがSNSだったりします。普通の人でも1000人単位のフォロワーをもっている時代ですから、リツイートが繰り返されると数千、数万の人に瞬時に広がっていきます。

いかに感情を動かすかを意識するだけで、それだけ多くの人を巻き込める可能性を秘めているのです。それだけに表現力を磨くきっかけとして、声や姿勢を見直すことは、ものすごく身近で簡単なうえに、あなたの未来を明るくしてくれるスキルになるはずです。

話すということは舞台芸術です

人前で話すということは「舞台芸術」そのものです、と僕はよくお話しします。

では、舞台芸術とは何か。

身近なところでいうと、お芝居やライブです。映画や、テレビ番組もその仲間に入れていいと思います。「エンターテインメント」と言い換えると、わかりやすいかもしれません。

舞台芸術を定義すると、「**ある空間で、決められた時間を使って、観客の心を動かし、望む方向に導くこと**」となります。

順を追って説明してみましょう。

まず、舞台芸術は、行われる「空間」が決まっていますよね。東京ドームだったり、日本武道館だったり。会社の会議でも、ミーティングルームなどの限られた空間で行います。友達とお茶をするなら、カフェという空間で。空間をともにしないと、舞台芸術も会話も成立しません。

次に、「決められた時間」に行われます。たとえば、このお芝居は8月25日の19時から3時間と決まっていたら、23時にお客さまが来てもすでに終わっています。人と話をするときも、同じ時間を共有するから実現できるわけです。

その次にやることは、表現を通じて、観客の心を動かすことです。表現は、歌だったり、お芝居だったり、話だったり、叱るだったりです。このとき「相手の心を動かす」ということが重要なのです。観客の心を動かせないと、プロの俳優なら「金返せ」と言われてしまいますよね。

そして最後に、「望む方向」に（相手を）導きます。拍手喝采をくれる、あるいはまた来てくれる、グッズを買ってくれる……など。いろいろありえます。このとき前述のように、しっかりと感情を動かすことができれば、相手はみずから、自分が望む方向に動いてくれるはずです。

よくいわれる話を例にとれば、最近の音楽業界ではCDが売れなくなってきたため、ライブやライブ会場で売る関連グッズなどが大切な売上になってきます。来場したお客さまに、たとえばサイリウムというカラフルな色のライトを買っていただきたいのです。できれば、1本といわず3本買っていただきたい（笑）。

そう思ったら、お客さまがどんな気持ちになったら買ってくださるかを考えなくてはいけません。アーティストがお客さまをどんな感情にできたら、ライトだけでなくタオルも買ってくれるでしょうか。

もちろん、そのアーティストのはたらきかけというのは、みずからグッズを買ってくださる気持ちになったファンもうれしく、楽しい。その結果、アーティストもさらにうれしい、とみんながうまくおさまる楽しい仕掛けであることが必要です。

人の心は「総合ポイント制」で動く

舞台芸術で**観客の心を動かすためにできることは、実は2つ**しかありません。

それは、**「視覚」と「聴覚」を刺激する**ことです。

歌を歌ったり、お芝居をしたりとありますが、舞台芸術が刺激できるのは、観客が目から得る情報と耳から得る情報しかないのです。

つまり、お客さまは目に見え、耳に聞こえてくる情報の「総合点」によって、良い、悪い、素晴らしい、酷い、などと判断しているということです。

たとえば、ミュージシャンの中にも歌があまりうまくない人もいます。ボーカルディレクターの立場では言いにくいことですが……実際にプロの世界でも歌の上手い／下手というのはかなりあるものです。

ただし、仮に歌があまり上手でなかったとしても、ダンスが素晴らしいとか、とびきり美人であるとか、雰囲気がかっこいいとか、歌以外のところがすごく秀でていると、歌の実力と関係なく人気が高かったりします。つまり、舞台芸術というのは総合点の勝負で、**表現全体でトータル何点の評価がもらえるか**、という勝負になってくるわけです。

ビジネスも同じです。だから、大切なプレゼンに、徹夜で資料を作ってフラフラ、ボロボロの体で行ったら、そのぶん聞く側の印象はマイナスになります。目に見え、耳に聞こえてくる「総合点」をいかに上げるかが勝負の分かれ目です。

ですから、朝起きたらしっかりと体を起こして、パリッとしたYシャツを着てやる気のスイッチを入れ、家を出るときにしっかりと「勢いを姿」して、相手に訴えかける視覚を作りましょう。

「自分の勢いを姿するぞ」と思って姿勢を取ったら、表情もよくなるものです（詳細は第2章）。舞台芸術の要素の半分は視覚なのですから、姿勢からしっかりと視覚に対するアプローチを作っていきたいものです。

しっかりとした姿勢を取ったら、声も出やすくなりますね。勢いのある姿勢は、呼吸も声も助けてくれます。いい姿勢で深い呼吸になったら、体に響いた気持ちのいい声で、相手を気持ちよく、心地よく感情を動かしていきましょう。

「魅せる」「聞かせる」という感覚で視覚と聴覚を刺激し、高得点を叩き出してください！

相手になってほしい気持ちにまず自分がなる

声で相手の感情を動かす、という話に関連してもうひとつお伝えしましょう。

相手の感情を動かすためにやらなければならないことが、2つあります。

ひとつは、**自分のエネルギー状態を高く保つ**こと。これは前にもお伝えしましたが、エネルギーは、高いほうから低いほうに流れていきます。だから、相手よりも自分のエネルギー状態を高くしなければ、向こう側から自分のほうに流れてきて自分の感情が動かされてしまいます。

一対一でも相手よりエネルギーを高く保つのは大変ですが、一対大勢のときはもっと大変です。複数の人よりも、自分ひとりで高いエネルギー状態を保たなければいけません。

前述しましたが、よくアーティストが楽屋裏で、開演前に円陣を組んで「行くぞっ、オー‼」って大声出してやっていますよね。あれは、個々人のエネルギーを上げて、会場で待つ何万人のお客さまのエネルギーに負けないためです。

エネルギーを上げるうえでは、姿勢と声に気を付けること。正中線をしっかり通してまっすぐ立ち、「王様のマント」を広げるように自分の空間を広くとる。そして、しっかりと声を届けるように発声できると、**自分の周りにエネルギーが循環**します。

それからもうひとつ、相手の感情を動かすには、まず自分が先にその感情になることです。たとえば、どんなスポーツでも、監督が内心では負けると思っていたら、選手を発奮させられませんよね。

あるいは、恋人や夫婦の間で「ねえ、なんでそんなにつまらなそうなの？　もっと楽しそうにしてよ」なんてイライラしながら言っても、絶対に楽しくなりません。自分のイライラが相手に伝染して、火に油を注ぐ結果になります。

そういうときは、まず自分が気持ちよくなって「どうしたの？」「なんか元気ないじゃん、今日？」と軽くいたわる感じで声をかけたら、相手の気持ちが変わってくるかもしれないですよね。

どんなときでも、まず相手にそうなってほしい感情に、率先して自分からなってください。それによって、**自然に「声」のトーンや温度も変わってきます。**

難しいことは考えずに、シンプルにそれだけ心がけておきましょう。

そして、**自分が「いい気持ち」を保つには、気持ちのいい情報を自分にインプットする**ことです。仮に満員電車を待つホームにいたとしても、（自分はいま、海の近くの広い場所にいて、太陽に照らされる中で波の音が心地よくってリラックスしている……）と想像すると、「ああ、気持ちいいなあ」と自然に思えるでしょう。

感情を作ろうと思わなくても、自然にそういう気持ちになります。

自分がその気持ちを先取りするということは、つまり、自分の感情を動かしていくということです。それが苦手だという方は、自分の感情を豊かに動かすために、自分の好きなものや熱中していることについて1分間話すということをしてみてください。大好きなことですから、かなりの情報を、熱く語れると思います。

語るときはなぜそれが好きなのか、なぜ熱中しているのか、という情報を具体的に分析して整理しておくと、それを思い出して自然と熱い感情が湧いてくるものです。みなさんが憧れる、自信をもって熱く語るということができるようになってきます。

練習は難しく考えず、日常の些細なことで構いません。

たとえば、僕は次郎柿が好きなんです。「柿」です。唐突ですね（笑）。

でもこの次郎柿についてなら、僕はかなり熱く語れます。

まず食感が素晴らしいんです。歯で噛むとカリッとしてるのに、舌触りはねっとりまったりとしています。なおかつ、香りがとってもよく、その香りは、柿を口に含むと心地よく鼻に抜けてきます（以下省略）。

こんなふうに、好きなことって、楽しく熱く語れますよね。ああ本当に柿が好きだな、次郎柿っておいしいな、相手にもぜひ食べてみてほしい、という感情にいつでもなれます。

好物以外についても、自分がいろいろな感情になれるための情報を、たくさん自分の中にストックしておいてください。すると、自然に感情が出やすくなり、感情表現がラクになってきます。

緊張は消せないけれどコントロールはできる

大勢の前に立ち、人前で上手に話そうと思えば思うほど、緊張しますよね。でも、そのときに相手がどんな状態なのかには、あまり意識がいきません。

想像してみてください。

たとえば、僕が仕事をしているアーティストの方たちは、5万人ぐらいの聴衆の前でピークのパフォーマンスを発揮しなければいけません。当然、本人も緊張しますが、**忘れがちなのはお客さまも緊張する、ということ**です。

自分が観衆のひとりとしてコンサートやお芝居に行ったときのことを考えてみてください。周りは知らない人ばかりで所在ない気持ちになったり、逆に微妙に知っている人が一緒だと自分だけ反応するのが気恥ずかしかったりしませんか。

そういう人たちが集合することで、会場全体がキーンと張りつめた雰囲気になることがあります。これは、大きなライブだけでなく、ビジネスにおけるミーティングやセミナーなどでもいえることです。

会場でそういう張りつめた空気を感じたら、まずは、お客さま側の緊張を解いてあげることが大切です。アイスブレイクを入れてもいいでしょう。

そんなに大それたことをする必要はありません。お笑い芸人さんではないのですから、いきなり面白いことをやるのも無理があります。

まずは**（あ、今日はお客さん緊張しているな）と意識するだけで、自分の心持ちが変わってお客さまにその気遣いが伝わる**のです。

もし、**お客さまの緊張を認識できないでいると、逆に自分が飲み込まれてしまう**ので、これも要注意です。

自分が話している最中に、

（あれ？　誰もうなずいてない。なんだか反応が返ってこないな）

（今日のお客さん、シーンとしちゃってるけど大丈夫かな。滑ってるのかな）

なんて思って、ますます自分が緊張して、ぎこちなくなってしまいます。

それは、**反応が悪いのではなく、お客さまが緊張してしまっている**のです。

ライブツアーなどでいろいろな地方を回っていると、地域性や人柄の違いを感じます。よく知られているように、大阪は割とストレートに感情を表現する方が多いのか、ライブも冒頭からハイテンションに盛り上がりやすいのと比べて、シャイな方が多いエリアでは、お客さまのリアクションも控えめです。それが当たり前、と思っておくと、そのような反応のときに焦らないで済みます。

人前に立つ機会が増えるということは、当然、アウェイ状態に直面する機会も増えてきます。

会社の会議やミーティングでも、**自分の味方ばかりが揃っているということのほうが少ない**のではないでしょうか。むしろ味方のほうが少ないアウェイ状態で行うことも多いですよね。自分のことや、自社の製品、会社が好きという人ばかりが集まるわけではありません。そういうとき、まず人の心をつかむ以前に、自分がビビらないよう準備をしておくことが重要です。

同じことはエンターテインメントの世界でも起こります。

たとえば、ある有名アーティストの路上ゲリラライブを実施したときのことです。警察からは機動隊も出動して、聴衆が大騒ぎになってあまりに危険なときは即中止です、と釘を刺されていました。だから、スタッフ側もどう対応するかなんて考えて、現場はピリピリしていました。

だけど、スタッフ以上にそのアーティスト自身がドキドキだったはずです。通常のライブであれば、そこに来るお客さまはみんなファンの方に決まっていますが、路上ゲリラライブだと「誰だよ、あいつ」「あいつのせいで道が混んでて通れないじゃないかよ！」といったネガティブな反応をする人たちもきっと出てきます。

だから、いろいろなお客さまがいるなかで、こちらがどう出るべきか、そういう反応もあるかもしれないな、と事前に予想しておくことが大事です。こういうことが起きるだろうな、という織り込み済みにしておくことで、起きたときの心持ちや対処するときの落ち着きが全然違ってくるものです。

練習で「あ、ごめん、最初からやり直し」は絶対NG

緊張をコントロールするためには、何度も緊張感が高い場で訓練するのが手っ取り早いでしょう。

声の練習はやればやるほど上達する、とお伝えしました。緊張についてもそれと同じで、緊張感のある場を何度も経験するほかありません。

それには、万一失敗したときに痛手が大きい大一番でなく、社内の会議や同僚の前など、**失敗しても痛手が小さい場でまず練習を始めましょう。**

ただし、途中で**つまずいても最後までたどり着く**ことがポイントです。「あ、ごめん、最初からやり直し」はＮＧです。

僕がこの話題で思い出すのは、高校生のころの歌の発表会前の出来事です。プチ本番みたいな場でしたので、いけないことですが、少し気を抜いて歌ってしまっていました。歌っている途中で間違えたので「すみません、最初からお願いします」と言って、もう一度最初から歌おうとしたのです。そうしたら、先生に楽譜を投げつけられて「お前は誰にまず謝っているんだ！」とこっぴどく怒鳴られ「謝るぐらいなら、お客さんのためにごまかせ。お客さんに謝るな、バカ野郎！」ときつく叱られました。

本当に、先生のおっしゃるとおりだと思いました。

お金をもらってお客さまを呼ぶアーティストだけでなく、この心意気はビジネスパーソンにも必要だと思います。iPhoneに向かって話したのを録音して聞いてみるのでもいいですから、しっかりと緊張感をもって疑似本番で練習しておくことが大切です。

人ひとりの心を動かすって、相当大変なことだ、とあらためて認識することも、よい緊張感をもって練習できると思います。

重いものを重いと気づかずに持ち上げてしまうと、腰を痛めてしまうことがありますよね。重いぞと思っておくと、準備をしてしっかりと持ち上げますのでなんでもなかったりします。

それと同じで、人ひとりの心を動かすということはとても大変なことですから、認識をせずに始めると余計な緊張をしてしまいます。相当高いエネルギーが必要なんだ、と肝に銘じることで、逆に腹がすわります。

よく「自分は本番に弱い」という人がいますが、生まれつき本番に弱い人なんていません。**自分は「本番が下手」だ、と思って**ください。

下手なら練習すればうまくなります。「**本番が下手だから、練習しなきゃ**」と思い、緊張感をもって、もしくは緊張感の高い場に出て練習するようにしてください。

マイクを心地よく響かせるコツ

動画あり

すっかりカラオケも浸透しましたし、会議やパーティーの司会など、一般の方がマイクを使う機会はどんどん増えていると思います。

ここまで、せっかく声と話し方を議論してきたので、その基本はそのままに、マイクを使うときにスピーカーからうまく出力するコツについても、触れておきましょう。

まず、マイクは基本的に響きを拾います。

だから、**ボディーに響いていない声だと大きな声でも乗りにくい**のです。大きな声でなくても響かせると、ズドーンとマイクに乗ります。ささやくような、いわゆるウィスパーボイスといわれる声でも、体が響いてさえいればきれいにマイクに乗ってくれます。

音量を上げることもできますが、適度な範囲にしないとハウリングといって、大きな音でキーーーーンという耳をつんざくようなノイズが出てしまいます。音量を上げすぎると周りの雑音も拾いやすくなりますから、やはり自分の体をしっかりと響かせて、マイクに乗りやすい声にすることが最大のコツです。

体の空洞をいかに響かせるかについてはお伝えしてきたとおりです。

そして実際にマイクを使うときには、懐中電灯みたいに**マイクの先から光が出ているると思って、その光が自分の口に当たるようにしっかり向ける**ことが大切です（次ページの図）。声は上あごに当たって少しだけ下に落ちるので、マイクは下からすくうように光を口に向けて当ててみてください。まっすぐ向けると、声を拾いにくくなるばかりか、顔を隠してしまい、表情も見えにくくなってしまいます。

一般の方がマイクを使っているのを見ていて、カラオケのときも話をするときも、とても気になるのがマイクの距離です。

ほとんどの方はマイクとの距離が遠く、声が聞き取りづらかったり、薄っぺらい

マイクを自分の口に向け、思い切って近づける

響きに聞こえてしまったりします。声量がないと思い込んでいた方が、マイクの距離だけで解決した例も多くあります。

マイクを口に近づけるのは慣れないと少し勇気のいる行為ですが、思い切ってマイクを近づけて持ってみてください。聞きやすさも、相手に伝わるエネルギー量もアップします。カラオケなんて、これだけでかなり上手に聞こえる人が増えるはずです。

自分が話すだけでなく、マイクを別の誰かに向けるときも同じです。セミナー時の質疑応答で、質

問したい参加者にマイクを持っていって向けるときなどです。参加者の質問が聞こえなかったため、講演者がその質問に答えてくれても何を言っているのか意味がわからない、などという場面によく出くわします。そういうときも、相手の人になるべくマイクを近づけて、マイクの先から口に光を当てる感じで向けてあげると解決します。

それから、特に司会などで原稿を読みながらマイクで話しているときに、プロのアナウンサーであっても、マイクのほうに口を寄せていって、頭が下がりやすくなる人をよく見かけます。

ほんの少しでも顔を下に向けると、表情が見えづらくなり、その方の性格にかかわらず、ものすごく暗い人に見えてしまったりします。たったそれだけのことで、もったいないですよね。下を向くと、喉も締まって声も出にくくなります。

手で持つマイクの場合は、**マイクのほうを自分の口に寄せる**ようにして、**目線はできるだけ上げて話してみてください。**

これらのコツをつかむだけで、マイク使いもうまくいくはずです。

「話すこと」の上達はスポーツや音楽と似ている

「人前で話す」ことというのは「いい声になる」のと同じで、コツがわかったからといって「即できるようになる」わけではありません。

子供のころにやった鉄棒の逆上がりのように、一度コツをつかんだらマスターできる、ということでもないのです。

上達の仕方は、スポーツや、音楽、語学と似ているといっていいでしょう。**「わかった」から「できる」になるまでに、時間がかかる**のです。できるようになるまでには、練習を積まなければなりません。

でも、みなさんは、その習得にスポーツ選手のような厳しい練習をする必要はありません。特別な場所や時間を確保する必要はなく、**日々の中で、いくらでも練**

習できます。

たとえば、自分が忙しいとき、数人で持ちまわっている仕事をそのうちの誰かに代わってほしいとします。しかも、相手もすごく忙しそうだし、普段そんなに仲よくしているわけでもない。

さあ、なんて言ってお願いしますか？

そんなふうに、自分が思う方向に相手が動いてくれるかどうか、日常にいくらでも練習のネタは落ちています。そういう日常の練習で仮に失敗しても、失うものはありませんから気楽です。

もし、相手が当番を代わってくれなくても、もともと自分がやらなければいけなかった仕事をするだけの話です。

そうした**日常の小さなレッスンを重ねて、トライ＆エラーを繰り返してください**。すると、相手や状況を読む力も、少しずつ高まっていくはずです。もちろん、そのときに一番大切なのは声と姿勢ですから、そこを意識して進めてくださいね。

物事を高いレベルで身につけるには、なかなか時間がかかるものです。

もちろん、みなさんはプロの話し手になるわけではないですから、厳しくストイックな練習はいりません。何年もかからず、早い人なら数週間で結果が出てくるでしょう。日常の小さな場面を見つけて、繰り返し練習してみてください。

たとえば、子供にきちんと勉強してほしい、というような場面。年齢や状況によって、叱ったり褒めたりしますよね。ちょっと勘所を間違えて強く叱りすぎてしまうと、思春期の子供からは「お父さん、うざい」とか「クソババア！」などと、心が折れそうになる言葉が飛んでくることもあります。僕も娘をもつ親ですので、心中お察し申し上げます……。しかし、それで親子の縁が切れるわけではありません。相手も3日もしたらケロッとしているでしょう。

そういうプライベートの関係においては、しっかりとした愛情があれば、ちょっとの失敗ぐらいで大きく失うものなどありませんから、そのような状況で話をして、「相手を動かす」練習をしておくことが大切です。

失敗できない商談のようにプレッシャーのかかる場で、いきなりそういう練習をしてはいけません。失敗できない、と思うからこそ、余計うまく話せなくなります。

僕は音大時代に、歌の先生からよく言われました。

「お金（レッスン代）を払っているうちに、失敗しておけよ」と。

そのとおりで、まずは**失うものがないところで練習する**のです。お金をもらうプロになってから、お客さまの前で失敗したら、次からは来ていただけなくなります。

だから、日常の小さなレッスンを重ねて、トライ＆エラーを繰り返してください。

そうすると、相手や状況を読む力も少しずつ高まっていくはずです。

話す練習は、「筋トレ」だと思ってください。

ウエイトトレーニングで１００キロ上げられない人が最初から１００キロ上げようとずっと頑張っても、上げられることはないでしょう。まずは10キロからスタートして、次は30キロ上げて、50キロ上げて……と少しずつ負荷を上げていくはずです。重いウエイトを無理に上げるのではなく、ウエイトを軽くして、無理な負荷がかからないところで、きれいなフォームで練習すること。その積み重ねによって美しい筋肉がつき、自然とウエイトを上げていくことができるはずです。

最初は負荷が低いところで気持ちを軽く、積極的に人前で話す練習をしてみてください。

人前で話をすることに恐怖心が強いときは、その練習の負荷がまだまだ高すぎるのです。もう一段レベルを下げて、気楽に表現できる場所でトライしてみてくださ い。

お得意先へのプレゼンで失敗したくないなら、まずは同僚に練習台になってもらってプレゼンしてみる。それも恥ずかしければ、兄弟に聞いてもらったり、ひとりで録音しながらやってみる。

そんなふうに、自分が適度な緊張感でやれる環境まで負荷を下げてトライしてみましょう。そこから、**少しずつ負荷を上げていくほうが、結局、早く上達できるはずです。**

コラム

声にも大敵な体の「冷え」

筋肉は冷やすと、硬くなって可動域が極端に狭くなります。

呼吸や発声は、スポーツと同じく全身の筋肉運動ですから、その影響はみなさんもおわかりでしょう。空洞は外側から締め付けてしまえば、音も響かなくなってしまいます。

もちろん、発声に限らず、血液の循環も悪くなって、日々の健康面にもよい影響はありません。

この冷えの問題、実は**夏に大きな原因がある**ことをご存じでしょうか。

現代生活において、僕たちはごく日常的に冷房を使います。暑くなれば、アイスクリームやかき氷を食べますし、レストランのお水は氷入りが当たり前です。

つまり、僕たちの夏の生活は、外から内からまんべんなく体を冷やし続けています。

でも、よく考えてみてください。

こうした生活が一般庶民の僕たちにまで広がったのはいつごろからでしょうか。人類数万年の歴史のうち、ほんの50〜60年ほどしかないのです。「三種の神器」といって、テレビ・洗濯機・冷蔵庫がもてはやされたのは、1950年代の話です。

僕たちはごく当たり前に、冷蔵庫から冷えたジュースを取り出しては飲み、冷蔵庫からアイスクリームを取り出しては食べていますが、僕の父が子供のころは冷蔵庫は電力ではなく氷を入れて冷やしていたそうです。

要は、たった50年ほどしか行ってきていない生活習慣に、僕たちの体が適応しきれているはずはありません。

僕の師匠はよく、夏でもスカーフを1枚持ち歩いて、室内に入ったら首に巻いて冷えから喉や胸を守りなさい、と言っていました。みなさんはプロではないですから、そこまで必要はないかもしれません。もちろん、僕も楽しみとしてはときどきアイスクリームを食べたり冷たいものを飲んだりもします。あまりにストイックに制限しすぎても楽しく生活できなくなってしまいますが、冷えは万病の元といいます。体を冷やすことが習慣化している人は、ちょっと気を付けてみてください。

生き生きした健康な体があれば、よい表現の半分は完成したようなものですから！

リーダーシップを発揮するには？

自分が「こんな人がリーダーだったらいいな」と思うような姿勢や声を心がけてください。

姿勢と声に限定して行うのがコツです。いろいろ意識すると難しいですが、姿勢と声に絞ると、表情や立ち居振る舞いも自然と整ってくるものです。

どんなテーマでも、**自分がしてほしい、気持ちいい、と思える基準を大事に**してください。たとえば、姿勢が悪くてボソボソ話している、そんな人が自分のリーダーだったら嫌ですよね。

そして、目線が近くばかりを見ていると細かいことにこだわっている人だと思われるので、基本はしっかりと頭を上げて**遠くを見て未来を見ている人間だと感じ**

させたほうがいいでしょう。

そして、リーダーですから、部下を守ってあげるように**自分の周辺は安全な場ですよ、という温かみを出す**ことが重要です。人間は環境要因に左右されやすいので、温度や湿度、明るさ、広さなどで居心地が変わってきます。

それを疑似的に演出するために、たとえば閉鎖的だったり強くグッと押し付けるような雰囲気は出さずに、温かい、心地のよい、人が集まりやすい雰囲気を作ってあげるとよいでしょう。

たとえばですが、みんなが寝そべっていられるぐらいの気持ちのいい、そよ風が吹いている春の草原にいるような、そんな場所をイメージして、自分がそこにいると意識しながら話すだけでその場の空気は変わってくるはずです。

リーダーにはエネルギーが不可欠です。エネルギーのない決断力のない人についていったら路頭に迷ってしまいますよね。ですから、天から体が突き刺されるように正中線を通して立ち、しっかりと頭を上げて、「天のカーテン」を開けて、「王様のマント」を羽織って、未来を見るような目線で、「勢いを姿して」ください。
エネルギーを表現するためには、声が大切です。ボソボソと小さい声の人などリーダーにしたくありませんよね。対象の1列後ろの人まで話すような気持ちで、気持ちよく、はっきりと声を響かせてください。

決してみんなを路頭に迷わせるようなことはしない。何か大変なことが起きても、僕がみんなを守る、というエネルギーを、姿勢から、声から、表現してあげてください。

言葉だけで僕がみんなを守ってあげるよといっても、人はなかなか信頼できないものです。姿勢や声は態度で示すことができ、その情報は相手の無意識に入りやすいのが特徴です。ですからこの表現の終着点は、相手の無意識に届くことです。あなたのことを潜在意識のうちから信頼してくれるようになります。

飲み会の盛り上げ役になりたい

まず一番大事なのは、**自分が盛り上がる**ことです。

自分がメンバーの中で一番楽しそうに話してください。それが、実は最も大切だけど、なかなかできないところです。**相手を喜ばせたいときは、自分がまず最高にうれしそうにしたり、その場を楽しんでいるという意識をもつ**だけで全然違います。

そして、「相手が爆笑するような、すごく面白いことを言ってやろう」などという考えは捨て去ることです。

すごく面白いことを言って笑わせるのは、ものすごく難しいことです。それは芸人さんの領域であって、素人には相当難しいことだ、と思ってください。

もし笑わせたいと思うなら、むやみにハードルを上げすぎず、**周りのみんながク**

スッとするだけで十分です。

クスッが連発されるようになるには、一生懸命ネタを探すより、「すっごく楽しそうに話すこと」のほうがずっと重要です。エネルギーが高くないと相手に伝染しないので、自分のエネルギーを高く保ってください。

面白いことを言ったら、**まず自分が笑う**のも効果的です。よく芸人さんもやりますよね。笑いが笑いをリードしてくれます。

あとは、**盛り上がらなかったときにやめない**こと。

「あ、やべえ、盛り上がってないな」「どうしよう、滑ったかな」と自分からどんどん引いていってしまうと、場の空気に負けてしまって、気持ちで負けてしまいます。やばい、と思うと人はみんな声が小さく、姿勢が悪くなってしまうんですよね。そうすると自信のなさが伝わってますます白けてきます。よくセミナーや講演などでも、こうした風景に出合うことがあります。

気持ちのうえで負けない、というのも日常から訓練することができます。笑いに限らず、強いエネルギーに負けないために、出会った相手が自分より強そうだなぁとか、威圧感があるなぁと感じたときに引かないこと。気持ちで引かないというのはなかなか難しいですから、そういうときこそ、いつもよりもう一段いい姿勢を取って、声をもうひとつ大きくして話してみる。そうした日常での訓練が筋トレのように効果を発揮し、飲み会での盛り上げにもつながってきます。

そもそも……と考えてみてください。

あなたが楽しかったなと感じた飲み会は、誰かが大爆笑をさせてくれたから楽しい飲み会だったわけではないはずです。きっとみなの明るいエネルギーが連鎖し、ポジティブで大きなエネルギーになって、それが心地よかったり、楽しかったりして、自然に笑顔になったり、楽しい話が出てきたりしたのでしょう。

ですから、あなたが姿勢や声で大きなエネルギーを表現して、ポジティブな楽しいエネルギーを引っ張ってあげてください。きっとみんなが笑顔になれる、とっても楽しい飲み会になりますよ！

信頼感をもってもらう

その人に芯が感じられないと、信頼できません。

相手がまずあなたについて判断するのは、パッと見た目の印象です。

視覚で判断するのです。

だから、姿勢にも芯が通るよう正中を意識して、なおかつ重心が下にくるようにどっしり構えて、どこにも逃げない姿勢を示すことが大切です。

人は、これまでの経験をベースに、人の外見的な特徴や服装、精神状態によって、大体どんな声を出すか記憶しています。だから、無意識に「こういう声の人って、落ち着きがあるよなあ」などと思うわけです。

たとえば、ラジオドラマで映像がなく音しか聞こえなくても、この声の人はこういう場所でこういう感情でいるんだろう、と経験から引っ張り出して想像できますよね。

感情というのは、心の底にはいろいろなものが渦巻いていても、**そのときの一番強い感情が表に現れます。**

たとえばお葬式に行って、すごく悲しい気持ちのときでも、久しぶりに会う友達を見つけたら「久しぶり！」と懐かしさで、悲しさが一瞬だけ飛ぶなんていう経験はありませんか。再会の喜びが一段落すると、また悲しさが勝ってきますけれど。

つまり、人間の**心の深いところにはいろいろな感情があるけれど、表層に出てくる感情はひとつ**なんです。

ですから、この特性を利用して、気が乗らないとか体調が悪いというときは、それ以上に強く「今日は楽しいなぁ」と思っていれば、ハッピーな気持ちになり、ひいては、それがあなたの声や姿勢に表れます。感情さえ立て直せていれば、感情と声が一致するからです。そして、安定してその状態であれば、人からは信頼できると思われるはずです。

役者なら、いろいろな感情を表現できないと商売としてやっていけません。でも、一般の人であれば、究極的には「人を気持ちよくする」ことができれば、それ一本でほとんどの場面に応用できると思います。人間は、気持ちがよくなれば、本音も言ってくれるし、興味がないことも聞いてくれます。

人は、強いエネルギーをもっていて、感情が安定している人のことは信頼しやすいものです。なので、やはりよく響く声で、声が安定して話をすると、相手の無意識に「私はエネルギーが高く、感情が安定している人だ」というメッセージを送ることができます。ここでも、しっかり声に気を付けてみてください。

交渉事を有利に進める

ビジネスに限らず、**交渉事を有利に進めるためには、まず、相手のことも仲間だという意識をもつ**ことが大切です。ビジネスであれば、自分の会社の製品を買ってもらいたいとか、協業したいとか、条件についてあれこれ議論することはあっても、基本的に**相手は「敵」でなくむしろ「味方」の側にいる**はずです。

その前提で、まず自分がその場を温かい愛情のエネルギーで包むぐらいの気持ちになると、自然ときつい声も出なくなります。その場が広くて暖かくて心地よい場所だと思うだけで、体がほぐれますから、連動して脳もきつい声を出すなという指令を出します。

何かを心底怒っているときに穏やかな声が出ないのと同じように、声は感情と連

動します。ですから、自分に暗示をかけるように**広くて暖かい場所にいるんだと心地よくなると声もそれに呼応して優しくなる**ものです。

すると、相手にもそれが伝わりますから、とても気持ちのいい人だなと思ってもらえたり、この人なら信頼できる、と思ってもらえたりするはずです。声はイメージも届けますから、とても気持ちのいい空間にいるというイメージも共有できます。人間は気持ちがいい、心地がいいと思うと無意識の扉が開きやすくなります。相手の無意識下にまでメッセージを届けることができたら有利に交渉を進めやすいですよね。多少厳しい条件の交渉であっても、解決につながる合理的な議論ができるでしょう。

もちろん交渉の場では、温かい感情を共有するだけでなく、主導権を取りたいものです。エネルギーは、高いほうから低いほうへ流れます。自分のエネルギー値が低いと、相手から自分のほうにエネルギーが流れてきてしまいます。この本で学んでいただいたように、しっかりと高いエネルギーを発して、自分から相手へエネルギーが流れるようにし、場の主導権を取っていきましょう。

みなさん、もうおわかりだと思いますが、このときも高いエネルギーを表現するために声は非常に素晴らしくはたらいてくれます。ただ、威圧的にエネルギーを流してしまうと、相手の反発にあってしまうだけです。前半でお伝えしたように、ポジティブなエネルギーの場を作っておくと、声も温かい声になり、温かく大きなエネルギーで場の主導権を取れますので、相手も心地よくこちらのペースに乗ってくれるはずです。声や表現にはこんなにも素晴らしい可能性があることを、ぜひみなさんも感じてみてください。

第5章

魅力的な声になる4つのトレーニング

さて、前章までで解説した姿勢と声を定着させるために効果的な4つのトレーニングをここでご紹介していきます。

声は楽器の演奏やスポーツ、語学の習得と同じで、練習すればするほどよくなります。それも、1日何時間も練習しろというわけではありません。できるだけ毎日続けてほしいのですが、わずか1日1〜2分の練習で劇的によくなるというかなりのレバレッジです。だまされたと思って、まずは2週間やってみてください。

声量や抑揚の総合トレーニング：歌舞伎十八番市川團十郎の「外郎売り」

歌舞伎十八番という成田屋（市川團十郎家）に伝わる18の演目がありますが、その中の一節「外郎売り」というのは、アナウンサーや劇団員、時には航空会社のキャビンアテンダントなどの間でも、声や滑舌のトレーニング題材として活用されています。

というのも、**昔の日本語は非常に抑揚が豊かですから深い呼吸と発声が求められて訓練にもってこい**のうえ、ものを売る話なのでポジティブで明るい**感情を乗せやすいコンテンツ**だからです。これをゆっくり、大きな声で、しっかりと高低の抑揚をつけて読むと、声のエイジングに最適です。

一番のポイントは、**自分が「気持ちいいなぁ」と思って読む**ことです。春の穏やかな日差しに照らされながら、広い草原にいるとでも思いながら、リラックスして気持ちよく声を出してください。

語りかける相手をイメージして、相手を気持ちよくしようと思いながら発声すると、より効果的です。

というのも、「声」は基本的にコミュニケーションをするための道具である、と脳が認識していて、脳は必要でないことは排除してしまう性質があるからです。声の練習を続けるコツは、まず自分が「楽しい」「気持ちいい」と思うこと。そして相手を気持ちよく、心地よくするために声を出しているんだよ、と必要性を自分の脳に認識させることです。

通常、人間が声を出す機会は、大まかにいって二通りしかないと思っています。

それは、くしゃみや咳などの**「生理現象」**と、**「意思を伝えるとき」**のみです。

体に備わっているほかの器官のように、無意識に動いたり、無意味に動いたりすることはありません。

たとえば、暇だと手を動かして遊んでみたり、行儀が悪いと足で貧乏ゆすりをしてみたり、無意識に動かすことがあります。また、心臓や胃、肺などの内臓器官は、こちらが命令しなくても無意識に動いています。

しかし、声に関しては電車の中で暇なときに、無意識に「あーあーうーうー」と言っている人はまずいませんよね。

脳は声について「意思を伝えるための道具」と認識しているわけです。

練習に慣れたり飽きてきたりすると、「作業」としてただやるだけ、になってしまいがちです。すると、せっかく練習のために時間を費やしても、思ったような成長をしてくれなくなってしまいます。

せっかく練習するのであれば、**どんな気持ちを乗せたいのか、どんな相手に伝えて、相手にどのような感情になってほしいのか、などを考えながら声を出す**トレーニングをしてみてください。そういう気持ちをもつことだけで、成果も格段に違ってくるはずです。

最初の一文から、繰り返し練習してみましょう。

拙者《せっしゃ》親方《おやかた》と申《もう》すは、
お立合《たちあ》いの中《うち》に、
ご存知《ぞんじ》のお方《かた》もござりましょうが、
お江戸《えど》を発《た》って二十里《にじゅうり》上方《かみがた》、
相州《そうしゅう》小田原《おだわら》一色町《いっしきまち》をお過《す》ぎなされて、
青物町《あおものちょう》を登《のぼ》りへお出《いで》なさるれば、
欄干橋《らんかんばし》虎屋《とらや》藤衛門《とうえもん》只今《ただいま》は剃髪《ていはつ》致《いた》して
円斉《えんさい》となのりまする。

僕が読む見本動画をYouTubeにアップしていますので、みなさんの練習の参考にしていただければと思います。全文は次のとおりですので参考までに。

外郎売り

拙者親方《せっしゃおやかた》と申《もう》すは、お立合《たちあ》いの中《うち》に、ご存知《ぞんじ》のお方《かた》もござりましょうが、お江戸《えど》を発《た》って二十里上方《にじゅうりかみがた》、相州《そうしゅう》小田原《おだわら》一色町《いっしきまち》をお過《す》ぎなされて、青物町《あおものちょう》を登《のぼ》りへお出《いで》なさるれば、欄干橋《らんかんばし》虎屋《とらや》藤衛門《とうえもん》只今《ただいま》は剃髪致《ていはつい》して、円斉《えんさい》となのりまする。

元朝《がんちょう》より大晦日《おおつごもり》まで、お手《て》に入《い》れまする此《こ》の薬《くすり》は、昔《むかし》ちんの国《くに》の唐人《とうじん》、外郎《ういろう》という人《ひと》、わが朝《ちょう》へ来《きた》り、帝《みかど》へ参内《さんだい》の折《おり》から、此《こ》の薬《くすり》を深《ふか》く籠《こ》め置《お》き、用《もち》ゆる時《とき》は一粒《いちりゅう》ずつ、冠《かんむり》のすき間《ま》より取《と》り出《いだ》す。依《よ》ってその名《な》を帝《みかど》より、透頂香《とうちんこう》と賜《たまわ》る。則《すなわ》ち文字《もんじ》には「頂《いただ》き、透《す》く、香《にお》い」と書《か》いて、「とうちんこう」と申《もう》す。

只今《ただいま》は此《こ》の薬《くすり》、殊《こと》の外世上《ほかせじょう》に弘《ひろ》まり、方々《ほうぼう》に偽看板《にせかんばん》を出《いだ》し、イヤ、小田《おだ》原《わら》の、灰俵《はいだわら》の、さん俵《だわら》の、炭俵《すみだわら》のといろいろに申《もう》せども、平仮名《ひらがな》をもって「ういろう」と記《しる》せしは親方円斉《おやかたえんさい》ばかり。もしやお立合《たちあ》いの内《うち》に、熱海《あたみ》か塔ノ沢《とうのさわ》へ湯治《とうじ》にお出《いで》なさるるか、又《また》は伊勢《いせ》御参宮《ごさんぐう》の折《おり》からは、必《かなら》ず門違《かどちが》いなされまするな。お登《のぼり》ならば右《みぎ》の方《かた》、お下《くだり》なれば左側《ひだりがわ》。八方《はっぽう》が八《や》つ棟《むね》、おもてが三《み》つ棟玉堂造《ぎょくどうづく》り、破風《はふ》には菊《きく》に桐《きり》のとうの御紋《ごもん》を御赦免《ごしゃめん》有《あ》って、系図《けいず》正しき薬《くすり》でござる。

イヤ、最前《さいぜん》より家名《かめい》の自慢《じまん》ばかり申《もう》しても、ご存知《ぞんじ》ない方《かた》には、正身《しょうしん》の胡椒《こしょう》の丸呑《まるのみ》、白川夜船《しらかわよふね》。さらば一粒《いちりゅう》食《た》べかけて、其《そ》の気味合《きみあい》をお目《め》に懸《かけ》ましょう。先《ま》ず此《こ》の薬をかように一粒《いちりゅう》舌《した》の上にのせまして、腹内《ふくない》へ納《おさめ》ますると、イヤどうもいえぬは、胃《い》、心《しん》、肺《はい》、肝《かん》がすこやかになりて、薫風《くんぷう》咽《のんど》より来《きた》り、口中《こうちゅう》微涼《びりょう》を生《しょう》ずるが如《ごと》し。魚鳥《ぎょちょう》、茸《きのこ》、麺類《めんるい》の喰合《くいあわ》せ、其《そ》の他《ほか》、万病《まんびょう》即功《そっこう》あること神《かみ》の如《ごと》し。さて、此の薬、第一《だいいち》の奇妙《きみょう》には、舌《した》のまわる事《こと》が、銭《ぜに》ゴマがはだしで逃《に》げる。ひょっと舌がまわり出すと、矢《や》も楯《たて》もたまらぬじゃ。

そりゃそりゃ、そらそりゃ、まわってきたわ、まわってくるわ、あわや咽《のんど》、さたらな舌《した》に、か牙《げ》さ歯音《しおん》。ハマの二《ふた》ツは唇《くちびる》の軽重《けいちょう》、開合《かいごう》さわやかに、あかさたなはまやらわ、おこそとのほもよろを、一つへぎへぎに、へぎほしはじかみ、盆《ぼん》まめ盆米盆《ぼんごめぼん》ごぼう、摘蓼《つみたで》つみ豆《まめ》つみ山椒《ざんしょう》。書写山《しょしゃざん》の写《しゃ》僧正《そうじょう》。粉米《こごめ》のなまがみ、粉米のなまがみ、こん粉米の小《こ》なまがみ。繻子《しゅす》ひじゅす、繻子繻珍《しゅすしゅちん》。親《おや》も嘉兵衛《かへい》子も嘉兵衛、親かへい子かへい、子かへい親かへい。古栗《ふるくり》の木《き》の古切口《ふるきりぐち》。雨合羽《あまがっぱ》か番合羽《ばんがっぱ》か、貴様《きさま》のきゃはんも皮脚絆《かわぎゃはん》、我等《われら》がきゃはんも皮脚絆《かわぎゃはん》。しっかわ袴《ばかま》のしっぽころびを、三針《みはり》はりながにちょと縫《ぬ》うて、ぬうてちょとぶんだせ。かわら撫子野石竹《なでしこのせきちく》。のら如来《にょらい》のら如来、三《み》のら如来に六《む》のら如来。一寸先《ちょっとさき》のお小仏《こぼとけ》におけつまづきゃるな。細溝《ほそどぶ》にどじょにょろり。京《きょう》のなま鱈《だら》奈良《なら》なま学鰹《まながつお》。ちょと四《し》、五貫目《ごかんめ》。お茶立《ちゃた》ちょ茶立《だ》ちょ、ちゃっと立《た》ちょ茶立《だ》ちょ。青竹茶筅《あおだけちゃせん》でお茶ちゃっと立《た》ちゃ。

来《く》るわ来るわ何《なに》が来る、高野《こうや》の山《やま》のおこけら小僧《こぞう》。狸百匹箸百膳《たぬきひゃっぴきはしひゃくぜん》、天目百杯棒八百本《てんもくひゃっぱいぼうはっぴゃっぽん》。武具馬具武具馬具三武具馬具《ぶぐばぐぶぐばぐみぶぐばぐ》、合《あわ》せて武具馬具六《む》武具馬具。菊栗菊栗三菊栗《きくくりきくくりみきくくり》、合せて菊栗六《む》菊栗。麦《むぎ》ごみ麦ごみ三麦《みむぎ》ごみ、合せて麦ごみ六麦《むむぎ》ごみ。あの長押《なげし》の長薙刀《ながなぎなた》は誰《た》が長薙刀ぞ。向《むこ》うの胡麻《ごま》がらは荏《え》の胡麻がらか真《ま》ごまがらか、あれこそほんの真胡麻《まごま》がら。がらぴぃがらぴぃ風車《かざぐるま》、おきゃがれこぼし、おきゃがれこぼし、ゆんべもこぼして又《また》こぼした。たあぷぽぽたあぷぽぽ、ちりからちりからつったっぽ、たっぽたっぽ一丁《いっちょう》だこ、落《おち》たら煮《に》て食《く》お、煮ても焼《やい》ても食《く》われぬ物《もの》は五徳鉄《ごとくてっ》きゅうかな熊童子《ぐまどうじ》に、石熊石持《いしぐまいしもち》、虎熊虎《とらぐまとら》きす。中《なか》にも東寺《とうじ》の羅生門《らしょうもん》には、茨木《いばらぎ》童子《どうじ》がうで栗五合《ぐりごんごう》つかんでおむしゃる、かの頼光《らいこう》のひざ元去《もとさ》らず。

鮒《ふな》きんかん椎茸《しいたけ》、定《さだ》めて後段《ごたん》なそば切《き》りそうめん、うどんか愚鈍《ぐどん》な小新《こしん》発地《ぼち》。小棚《こだな》の小下《こした》の小桶《こおけ》に小《こ》みそがこ有《あ》るぞ、小杓子《こしゃくし》こ持《も》って、こすくってよこせ。おっと合点《がてん》だ、心得《こころえ》たんぼの川崎《かわさき》、神奈川《かながわ》、程ヶ谷《ほどがや》、戸塚《とつか》は走《は》って行《い》けば、やいとを摺《す》りむく三里《さんり》ばかりか、藤沢《ふじさわ》、平塚《ひらつか》、大磯《おおいそ》がしや、小磯《こいそ》の宿《しゅく》を七《なな》ツ起《お》きして、早天早々《そうてんそうそう》、相州《そうしゅう》小田原透頂香《おだわらとうちんこう》。隠《かく》れござらぬ貴賤群衆《きせんぐんじゅ》の花《はな》のお江戸《えど》の花《はな》ういろう、あれあの花を見てお心《こころ》をおやわらぎやという、産子這子《うぶこはうこ》に至《いた》るまで、此《こ》の外郎《ういろう》の御評判《ごひょうばん》、ご存知《ぞんじ》ないとは申《もう》されまいまいつぶり、角出《つのだ》せ棒《ぼう》だせ、ぼうぼうまゆに、臼杵《うすきね》すりばち、ばちばちぐわらぐわらぐわらと、羽目《はめ》を弛《はず》して今日《こんにち》お出《いで》のいずれも様《さま》に、上《あ》げねばならぬ売《う》らねばならぬと、息《いき》せい引《ひ》っぱり、東方世界《とうほうせかい》の薬の元〆《もとじめ》、薬《やく》師如来《しにょらい》も照覧《しょうらん》あれと、ホホ敬《うやま》って、ういろうはいらっしゃりませぬか。

特に、声が小さい人は、一節ごとに発声前に息をしっかり吸い込むこと。空気が抜けていたら、大きな声は出ません。

動画あり

感情を声に乗せるトレーニング：テレビCMやコピー朗読

このほかに、テレビやラジオのCMを朗読してみるのも、感情を声に乗せるよい訓練になります。

CMコピーというのはよくよく練られた文章であり、完結したストーリーでありながら、1分程度で読み終えることができます。1分で相手の興味を惹くように作られていますから、非常によい表現題材だと思っています。

レッスンでは、実際のCMや映画の1シーンを感情を込めて練習したりします。ただCMのセリフをこの本に引用することはできませんので、今回この本のために僕がCM風の創作文を書き下ろしました。「悠久の記憶」という商品名のペットボトル入りの水のCMをイメージしています。実際の川のせせらぎを想像しながら、感情を込めて読む練習をしてみてください。

「悠久の記憶」

目を閉じて耳を当ててみて（ペットボトルに耳を当てて目を閉じる）
ほら、聞こえるでしょ？（四万十川の風景とせせらぎの音）
水は何億年もの間、地球を循環しています。
川を流れたり、時には木になったり、大海原を彷徨《さまよ》ったり。
水と同じく、私たちの遺伝子も記憶を紡いでいます。
記憶がつながり合い、地球をつくっている。
あなたが今、口にした水には、どんな記憶があるのでしょう？
悠久の記憶は、奥四万十の湧き水です。
私たちの体にとって、大切な水。
あなたはどのような記憶をつないでいきますか？

次は、あなたが耳を当ててみてください。
奥四万十　悠久の記憶。

いかがですか？　感情を込めて読めたでしょうか。
聞いている相手が、思わず山々に囲まれた四万十川のせせらぎを思い浮かべるような声を出すには、**自然の山々と美しい川の流れを自分でイメージしながら読む**ことが大切です。

朗読をしていて声の輪郭がはっきりしない、鼻声だ、という人は、次の鼻の詰まりを抜くトレーニングもしっかりやってください。鼻の通りが悪いと、声の輪郭がぼやけやすくなります。

動画あり

鼻腔が響くと声は美しく色気のある響きになるのです。

呼吸を深く安定させるトレーニング：

「火の呼吸」&「波の呼吸」

ヨガに「火の呼吸」と呼ばれる訓練があります。口を閉じて、鼻から細く短い息をフッフッフッフッフッフッ……と秒針が刻むより少し速いぐらいの速さで歯切れよく30秒ぐらい息を吐き続けてみましょう。

わざわざ、このためだけに時間を確保しなくてもいいのです。朝起きてシャワーを浴びながら、あるいは人通りが少なければ歩きながら、ついでの練習で十分です。**「ながら」練習でいいのです。大切なのは、むしろ、練習を「習慣化」させること**です。

現代人は口呼吸になっている人が多いので、このようにして鼻の詰まりを抜く練習を欠かさず、話すとき以外は口呼吸にならないよう常に心がけてください。

次に、「波の呼吸」エクササイズです。波の呼吸は声のための呼吸ですので、口で行います。

前述のとおり、声を発するときの息は、声帯が閉じている状態で出てきますから、非常に細いものです。細い息を安定的に吐くのは、意外と筋力のいる作業です。ここでご紹介する「波の呼吸」エクササイズを通して、細い息を安定させる筋肉を鍛えることができます。横隔膜をしっかりと使いますから、健康にもいいですし、何より声の響きが深くなり、落ち着いた印象を相手に与えることができます。

まず、気持ちよくリラックスしてください。そして、全身の息を口からなるべく細く長く、そしてゆっくりと吐いてください。「フ――――ッ」と息をすべて吐ききったら、自然と息が入ってきます。息は自分から吸い込みにいくと浅くなりますから、力を抜いて息が戻ってくるイメージで呼吸をしてください。

簡単ですよね。これを1日数回、苦にならない程度でいいので、やってみてください。家の中でも電車待ちをしているときでも、どこでもOKです。プレゼン本番の登壇前などにやっても、気分が落ち着きます。

楽しく話す即興力強化トレーニング：
友達に1テーマで小話

急に人前で感情豊かに話せといわれても、なかなか難しいものですよね。相手に感情を開くというのも、なかなか勇気のいる作業です。

しかし、感情豊かに話すことは日常にいくらでもあるのではないでしょうか。自分がうれしかったこと、腹がたったことなどの感情を揺さぶられたことを1テーマに、友達に話すということを習慣にしてみてください。

いま自分が**熱中している趣味**や、**最近観てよかった映画**や**お気に入りのレストラン**のことなど、「こんなことがあってさー！」と誰かに伝えたい！　と思えるテーマを選んでください。

もしうまく話せなくても失うものはありませんから、リラックスして話せるはずです。

こうした練習は、自分がなぜこんな感情になったのか、どんなことがうれしかったのか、という感情の整理にもなりますし、自分が感じたことがほかの人にも同様に共感してもらえるか、といった確認作業にもなります。

こうした気楽な練習を重ねることによって、いつの日か、より緊張感の高い状況でも、感情を込めて、熱く相手の心を動かせる、そんな話し方ができるようになっていきます。

おわりに

声が変わると人生が変わる

最後までこの本を読んでいただき、本当にありがとうございます。

声や表現のことを先生がいない状態で練習することは大変なことと思います。ですので、この本ではなるべくシンプルに、初心者の方でもわかりやすいように、動画も参照していただきつつ、どなたもが安心して練習できるように制作しました。大人はどうして必要なのか理解できないとなかなか前に進めないものですから、楽しく必要性を理解していただくことにもページを割きました。

一つひとつのレッスンは独立しています。すべてのレッスンをやらなくても、空き時間に合わせて気になった部分をアプローチしていただければ上達するように作られています。気張ってすべてをやろうとして長く続かないよりは、気になったところをひとつだけでも長く続けていただいたほうが結果が出やすいことと思います。
もしよくわからないなと思う箇所があったら、飛ばしてくださって大丈夫です。
みなさんが声や表現に悩んだときに引っ張り出してくる本として、長くお付き合いしてくださったら幸せです。

僕は幸せなことに20年以上エンターテインメントの業界でお仕事をさせていただいています。いわゆるスターと呼ばれる人たちと行動を共にしています。

スターはステージに立つと一瞬で場の空気を変え、人々を強烈な光の中に包み込んでしまいます。それは側で働いているスタッフも一ファンと化してしまうほどの強烈な威力です。

スターはやはり、その人にしかない、手の届かないような才能や能力をもっています。それは事実です。

しかし、後天的にトレーニングでつけられている能力や、先天的な能力でも、それを解明してトレーニングで身につけることができることも多くあることは広く一般には知られていません。
僕はそのスターである人たちのトレーニングをしてきたわけですけれども、それは非常にもったいないことだと常々思ってきました。

現代の日本人は表現をすることが、とても苦手です。
こんなに素敵で能力の高い日本人が、もし高い表現力を身に着けることができたとしたら、どんなことが起きるのだろう？　世界にどんな素敵な循環が起こせるのだろうとワクワクして、この素敵なスキルを一般の方にお伝えせずにはいられませんでした。

その後天的なトレーニングの中でも、本書に書かせていただいた声と姿勢は、誰もがシンプルにアプローチでき、上達でき、強烈な威力を発揮してくれる、スターの大切な魔法の道具です。

声を変えるためには、姿勢を変えなければなりません。姿勢は自分の勢い（エネルギー）が姿したものです。声を変えるには呼吸を変えなければいけません。「生きる」の語源は「息をする」ともいわれています。呼吸は無意識と意識の間を自由に行き来します。

声を出すためにはポジティブな気持ちにならなければいい声は出ません。大きな心地のよい音色の声は、強い心地のよいポジティブなエネルギーです。強いエネルギーはほかに伝染していきます。そしてその声を一番聞いているのは自分自身です。自分にも他人にも社会にも強いポジティブなエネルギーが循環していきます。

すべてを変えようとするのは大変です。しかし、声にはこれだけの要素が関わっていますから、気持ちのいい美しい声を出そうとすると、これだけのことが連鎖して変化していきます。

声を変えると人生が変わる。ひいては社会が地球が変わっていくと、僕は信じています。

みなさんの声が美しく変化して、幸せな循環を生みますことを、心から願っております。

２０１８年４月

中西　健太郎

動画レッスン公開中！

本書『姿勢も話し方もよくなる声のつくりかた』で紹介している内容について、著者・中西健太郎さんが解説・実践する動画レッスンを、左記よりご覧いただけます。

https://www.youtube.com/playlist?list=PLiQU6Js5led8THj3FhVnY9tpBg11URPcT

1. 「いい声」が出るための「いい姿勢」のコツ（第2章・p38）

2. カリスマ性・スター性を高めるレッスン①「天のカーテン」（第2章・p50）

3. カリスマ性・スター性を高めるレッスン②「王様のマント」（第2章・p55）

4. 「外郎売り」発声トレーニング（第5章・p204）

5. 呼吸が安定する3つのレッスン（第5章・p217）

6. 声と話し方にリズムをうむトレーニング（第3章・p115）

7. 感情に声を乗せる「CM朗読」トレーニング（第5章・p214）

8. 司会やカラオケで「マイク乗り」がよくなるコツ（第4章・p178）

下のQRコードからもアクセス可能です。参考になさってみてください！

（動画内容は、改訂・編集される可能性があります）

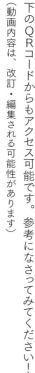

［著者］
中西健太郎（なかにし・けんたろう）
メディアトレーナー／ボーカルディレクター
東京藝術大学音楽学部声楽科卒業後、ボイストレーナーとしてキャリアをスタート。多くのスター育成に関わり、担当アーティストはオリコンランキングで10位以内を連発。日本武道館のような１万人超が入るライブ会場でも通用する、場の空気を一瞬で変える「声」を伝授している。現在では、キー局のアナウンサー研修やメディアトレーニングも実施。短期間でスターを育て上げる手法は、多くのアーティストや芸能事務所、レーベル、テレビ局から信頼を受け、「カリスマをつくるカリスマ」と評されている。
エンターテインメントでの経験を活かし、「日本人に決定的に欠けている表現力のスキルを向上させ、日本の未来に貢献したい」という思いから、2014年からビジネスパーソンを対象としたレッスンやセミナーを開催。受講者は上場企業のＣＥＯのほか弁護士や医者、大学教授、科学者、コンサルタント、カウンセラー、役人、学生など多岐にわたる。ビジネス界とはまったく異なる発想が瞬く間に評判を得て、東京、大阪、宮城、山口、福岡など全国各地でキャンセル待ちが続出するほどの人気を博している。

姿勢も話し方もよくなる 声のつくりかた
――自然とみんなを惹きつける43のレッスン

2018年５月16日　第１刷発行

著　者――中西健太郎
発行所――ダイヤモンド社
〒150-8409　東京都渋谷区神宮前6-12-17
http://www.diamond.co.jp/
電話／03･5778･7236（編集）　03･5778･7240（販売）

ブックデザイン―山田知子＋chichols
イラスト――伊藤カヅヒロ
DTP ―――桜井淳
校正―――聚珍社
製作進行――ダイヤモンド・グラフィック社
印刷―――加藤文明社
製本―――川島製本所
編集担当――柴田むつみ

ISBN 978-4-478-10512-2